新能源汽车专业技能型紧缺人才培养规划教材

新能源汽车动力蓄电池与能量管理技术

Xinnengyuan Qiche Dongli Xudianchi yu Nengliang Guanli Jishu

罗 英 吴 浩 主编

人民交通出版社股份有限公司
China Communications Press Co., Ltd.

内 容 提 要

本书为新能源汽车专业技能型紧缺人才培养规划教材之一。全书共 8 个学习任务,内容包括:新能源汽车动力蓄电池的初步认识、新能源汽车动力蓄电池的能量管理技术、动力蓄电池包高压作业安全防护、动力蓄电池包检测以及动力蓄电池包充电性能检测。

本书可作为职业院校新能源汽车专业(方向)的教学用书,也可作为新能源汽车服务企业技术人员的培训用书。

图书在版编目(CIP)数据

新能源汽车动力蓄电池与能量管理技术 / 罗英, 吴浩主编. —北京:人民交通出版社股份有限公司, 2019.2

ISBN 978-7-114-15179-8

Ⅰ. ①新… Ⅱ. ①罗… ②吴… Ⅲ. ①新能源—汽车—蓄电池—教材 Ⅳ. ①U469.703

中国版本图书馆 CIP 数据核字(2018)第 275236 号

书　　名:	新能源汽车动力蓄电池与能量管理技术
著 作 者:	罗　英　吴　浩
责任编辑:	翁志新　曹仁磊
责任校对:	刘　芹
责任印制:	刘高彤
出版发行:	人民交通出版社股份有限公司
地　　址:	(100011)北京市朝阳区安定门外外馆斜街 3 号
网　　址:	http://www.ccpress.com.cn
销售电话:	(010)59757973
总 经 销:	人民交通出版社股份有限公司发行部
经　　销:	各地新华书店
印　　刷:	北京市密东印刷有限公司
开　　本:	787×1092　1/16
印　　张:	8.5
字　　数:	140 千
版　　次:	2019 年 2 月　第 1 版
印　　次:	2022 年 12 月　第 2 次印刷
书　　号:	ISBN 978-7-114-15179-8
定　　价:	20.00 元

(有印刷、装订质量问题的图书,由本公司负责调换)

新能源汽车专业技能型紧缺人才培养规划教材
编 委 会

主 任
  叶军峰(广州市轻工技师学院)
  蔡昶文(广州市交通技师学院)

副主任
  万艳红(广东省轻工职业技术学校)
  王长建(广州市白云工商技师学院)
  毛 平(广州市轻工技师学院)
  尹向阳(广州市机电技师学院)
  王尚军(广州市交通技师学院)
  刘小平(广州欧伟德教学设备有限公司)
  刘炽平(广州市工贸技师学院)
  严艳玲(广东省轻工业技师学院)
  杨子坤(广州市公用事业技师学院)
  周其江(肇庆市技师学院)
  胡军钢(广州市技师学院)

委 员
  冯月崧、廖毅鸣、陈伟儒(广州市轻工技师学院)
  罗 英、黄辉镀(广州市技师学院)
  陆海明(广州市机电技师学院)
  颜 允、何越瀚(广州市公用事业技师学院)
  谢金红、陈林锋、钟贵麟、蒙承超(广东省轻工业技师学院)
  刘付金文(广东省轻工业职业学校)
  黄健龙(肇庆市技师学院)
  龙纪文(广州欧伟德教学设备有限公司)

秘 书
  翁志新(人民交通出版社股份有限公司)

随着我国《节能与新能源汽车产业发展规划(2012—2020年)》的发布实施和政府各项扶持政策的出台,新能源汽车推广应用的步伐逐渐加快,企业也加大了对新能源汽车的投入,各大汽车厂商纷纷推出新能源车型。未来几年是新能源汽车的快速增长期,社会对掌握新能源汽车技术的技能型人才需求将不断增加。当前,新能源汽车专业技能型人才是名副其实的"紧缺"人才,而且缺口很大。职业院校作为技能型人才培养的主体,为行业培养和输送急需的技能型人才责无旁贷。

近年来,不少开设汽车类专业的职业院校新增了新能源汽车运用与维修专业(方向),但适合教学的专业教材少之又少。2017年,广东省的十几所高级技工学校(技师学院)、中职学校在经过了大量调研和多次研讨后,决定联合人民交通出版社股份有限公司及相关企业,成立新能源汽车专业技能型紧缺人才培养规划教材编委会,编写出版"新能源汽车专业技能型紧缺人才培养规划教材"。同年9月,在广州市轻工技师学院召开了教材编写启动会,确定了本套教材的课程体系、名称、编写大纲及编写分工。

本套教材紧紧围绕新能源汽车的核心技术——"三大电"(电池、电机、电控)和"三小电"(电控空调、电控转向、电控制动),重视基础、强化实践,并注重培养学生的安全观念、职业素养和学习能力,力争使学生成为具有可持续发展能力的高素质技能型人才。

本书是本套教材中的一本,书稿的编写分工如下:田燕、王晓华编写了学习任务1、2;杨健政、王晓华编写了学习任务3、4;彭良嘉、朱永编写了学习任务5、6;林锦桐、黄惠编写了学习任务7、8。全书由罗英、吴浩统稿并担任主编。

限于编者水平,书中难免有错误和疏漏,恳请广大读者提出宝贵意见,以便进一步修改完善。

新能源汽车专业技能型紧缺人才培养规划教材编委会
2018年7月

目 录

学习任务 1　初识动力蓄电池组 ··· 1
　一、信息收集 ··· 1
　二、任务实施 ··· 7
　三、任务测试（工作页） ··· 13

学习任务 2　认识动力蓄电池管理系统 ·· 16
　一、信息收集 ·· 16
　二、任务实施 ·· 20
　三、任务测试（工作页） ··· 24

学习任务 3　动力蓄电池包高压作业安全防护 ·· 27
　一、信息收集 ·· 27
　二、任务实施 ·· 32
　三、任务测试（工作页） ··· 38

学习任务 4　拆装纯电动汽车动力蓄电池包 ··· 44
　一、信息收集 ·· 44
　二、任务实施 ·· 45
　三、任务测试（工作页） ··· 50

学习任务 5　拆装混合动力汽车动力蓄电池包 ·· 53
　一、信息收集 ·· 53
　二、任务实施 ·· 56
　三、任务测试（工作页） ··· 70

学习任务 6　检测纯电动汽车动力蓄电池故障 ·· 81
　一、信息收集 ·· 81
　二、任务实施 ·· 87
　三、任务测试（工作页） ··· 90

学习任务7 检测混合动力汽车动力蓄电池故障 ················· 93
　一、信息收集 ·· 93
　二、任务实施 ·· 97
　三、任务测试(工作页) ·· 101

学习任务8 检测动力蓄电池充电性能 ····················· 103
　一、信息收集 ·· 103
　二、任务实施 ·· 112
　三、任务测试(工作页) ·· 123

参考文献 ·· 127

学习任务1　初识动力蓄电池组

 学习目标

1. 能严格执行"6S"管理规定；
2. 能够说出动力蓄电池组的作用、类型及特点；
3. 能够介绍磷酸铁锂蓄电池的特点及应用。

 建议课时

4课时。

 任务描述

一名客户想要购买一台比亚迪e5汽车，他第一次来到4S店了解电动汽车，想要了解比亚迪e5汽车的动力蓄电池。作为一名销售顾问，请你为客户介绍比亚迪e5动力蓄电池的基本知识。

一、信息收集

（一）蓄电池的基本组成

电动汽车动力储能装置包括所有动力蓄电池、超级电容、飞轮电池和燃料电池等储能元件及其以上各类电池的组合。电动汽车的主要动力源为电能，通过电动机等动力装置转化为机械能，从而驱动车轮行驶，而电能来自纯电动汽车的动力蓄电池系统，如图1-1所示。

蓄电池通常由电极（正极和负极）、电解质、隔膜和外壳（容器）四部分组成，如图1-2所示。电极是蓄电池的核心部分，通常由活性物质和导电骨架组成。电解质在蓄电池内部阴、阳极之间担负传递电荷（带电离子）的作用。电解质一般为液体或固体。为了避免蓄电池内阴、阳极之间因距离较近而发生内部短路，产生严重的自放电现象,需要在其阴、阳极之间放置绝缘的隔膜,隔膜的材料一般为薄膜、板材或胶状物等。蓄电池的外壳是盛放并保护电池电极、电解质和隔膜的容器。

图1-1　纯电动汽车的动力蓄电池系统

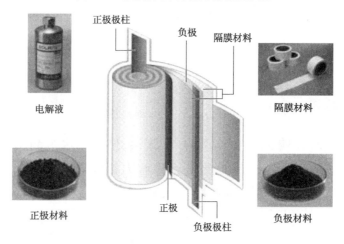

图1-2　蓄电池的基本组成

(二)动力蓄电池系统的作用

动力蓄电池是纯电动汽车的核心部件,也是新能源汽车上价格最高的部件之一。动力蓄电池的性能好坏直接决定了这辆车的实际价值。

动力蓄电池具有接收和储存由车载充电机、发电机、制动能量回收装置或外置充电装置提供的高压直流电的功能,并且为电动汽车提供高压直流电,如图1-3所示。

动力蓄电池系统作为电动汽车的能量源,除了储存驱动所用电能和为整车提供持续稳定的能量外,还承担以下功能:

(1)控制最佳行驶电池特性。

(2)确保蓄电池的安全性、可靠性。

图1-3　动力蓄电池

(三)蓄电池的种类

蓄电池的种类繁多,划分的方法也有很多种。蓄电池按其原理划分,主要可分为生物电池、物理电池和化学电池三大类。

化学电池是生活中使用最多的电池。它是将化学反应产生的能量直接转换为电能的装置,也称化学电源。化学电池分类方式见表1-1。

化学电池的种类　　　　　　　　　　　表1-1

分类方式	电池名称	常见电池
电解液性质	酸性蓄电池	铅酸蓄电池
	碱性蓄电池	锌锰蓄电池、镍镉蓄电池和镍氢蓄电池
	中性蓄电池	电动汽车上很少使用
	有机电解液蓄电池	锂电池、锂离子蓄电池
正、负极材料	锌系列蓄电池	—
	镍系列蓄电池	—
	铅系列蓄电池	—
	锂系列蓄电池	锂离子蓄电池、锂聚合物蓄电池和磷酸铁锂蓄电池
电池功能	一次电池	—
	二次电池	电动汽车上使用最多
	燃料电池	—
	储备电池	—

小链接

一次电池,又称原电池,即不能再充电的电池。

二次电池,习惯上称为蓄电池,即可重复进行充电、放电使用的电池。目前电动汽车使用最多的动力蓄电池。如铅酸蓄电池、镍氢蓄电池和锂离子蓄电池。

燃料电池，又称连续电池。只要活性物质连续地注入电池，就能长期不断地进行放电的一类电池。

储备电池，又称激活电池。正、负极活性物质和电解液不直接接触，使用前临时注入电解液或用其他方法使电池激活的电池。

(四) 各类车用动力蓄电池的性能比较

电动汽车动力蓄电池的主要要求包括比功率高(在大电流工况下能平稳放电,提高加速、爬坡性能)、比能量大(延长续驶里程)、循环寿命长、安全可靠、成本低、对使用环境温度要求低、能量转换效率高、对环境污染小等。

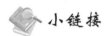

比功率,描述动力蓄电池在瞬间放出能量的能力,单位为 W/kg。比功率高的动力蓄电池可以提供很高的瞬间电流,以保证汽车的加速性能。

比能量,指动力蓄电池单位质量所能输出的电能,单位为 W·h/kg。比能量高的动力蓄电池可以长时间工作,续驶里程长。

能量效率,指电流恒定情况下,在相等的充电和放电时间内,蓄电池放出电量和充入电量的百分比。

循环寿命,指动力蓄电池容量降低(衰减)到某一规定值之前,动力蓄电池能经受充电与放电的次数(充电一次放电一次称为一个周期或一次循环)。

电动汽车的发展很大程度上取决于动力蓄电池的各项性能。表1-2是各类常见车用动力蓄电池的性能比较。

常见车用动力蓄电池的性能比较　　　　表1-2

类型	单体电池电压(V)	比能量(W·h/kg)	比功率(W/kg)	理论循环使用寿命(次)	安全性	优点	缺点	代表车型
铅酸蓄电池	2.0	35~40	150~400	500~800	好	技术成熟、原料丰富、价格低、温度特性好	比能量和比功率较低、寿命短、铅有污染	—
镍氢蓄电池	1.2	55~70	160~500	600	好	放电倍率高、免维护	自放电高、单体电压低	普锐斯

续上表

类型	单体电池电压（V）	比能量（W·h/kg）	比功率（W/kg）	理论循环使用寿命（次）	安全性	优点	缺点	代表车型
磷酸铁锂蓄电池	3.2	100	—	2000	好	寿命长、安全性好	体积大	比亚迪 e5
三元锂蓄电池	3.8	200	—	2000	较差	能量密度高、振实密度高	安全性能较差、耐高温性能差、大功率放电性能差	特斯拉 MODEL S

1. 铅酸蓄电池

铅酸蓄电池已经有150多年的历史，广泛用作内燃机汽车的起动电源，技术较为成熟，具有一定的价格优势。与其他动力蓄电池相比，铅酸蓄电池只被广泛应用于内燃机汽车和一些低速纯电动汽车上，如图1-4所示。

铅酸蓄电池的优点：
(1) 性能可靠、技术成熟、价格便宜；
(2) 大功率性能优异、电压平稳、安全性好；
(3) 维护简便或者免维护；
(4) 适用范围广、原材料丰富；
(5) 自放电低，回收技术成熟。

铅酸蓄电池的缺点：
(1) 能量密度低；
(2) 循环寿命短；
(3) 质量大、体积大；
(4) 过充过放性能差，充电时间长。

2. 镍氢蓄电池

图1-4 铅酸蓄电池

镍氢蓄电池属于碱性电池，是一种集能源、材料、化学、环保于一身的绿色环保电池。循环使用寿命较长，能量密度高，但价格较高，能量密度低，主要应用于混动车型。目前商业化的混合动力电动汽车，如丰田的Prius（图1-5）、本田的Insight使用的均为镍氢蓄电池。

图 1-5　镍氢蓄电池

丰田普锐斯混合动力汽车的动力蓄电池(全封闭的镍氢蓄电池)安装在车辆的后部,布置在行李舱内,如图 1-6 所示。

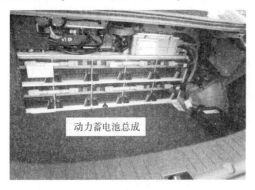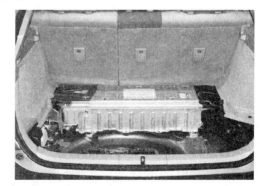

图 1-6　丰田普锐斯混合动力汽车的动力蓄电池

镍氢蓄电池的优点:

(1)功率性能好。镍氢蓄电池内部使用了大量的金属材料,导电性能良好,可以适应大功率放电,目前比功率达 1500W/kg;

(2)低温性能好。采用的为无机电解液体系,低温性能相对比锂系列蓄电池要好。

(3)循环寿命高。无污染。

(4)管理系统相对简单。电池耐过充电和过放电能力比较强,没必要监测到每只单体蓄电池的电压。

镍氢蓄电池的缺点:

(1)蓄电池的发热问题。镍氢蓄电池在电动汽车应用中遇到的主要问题为热问题。主要原因有两个,一是镍氢蓄电池本身的充电反应是一个放热反应;二是充电效率低,充电量超过 80% 后,副反应速度很快增加,产热速度迅速上升,会带来热失控问题。充电电流越大,充电效率越低,产生的热量会越多。

(2)电池比能量较低。虽然电池比能量是铅酸蓄电池的 2～3 倍,但与锂系列蓄电池相比较,相差较大。

(3)标称电压低。1.2V的标称电压,组合成数百伏的车用动力电源系统,就需要更多的电池串联,对电池的一致性、可靠性要求更高。

(4)高温充电性能差。高温下充电效率降低。

(5)自放电大。在常用的铅酸、镍氢、锂系列动力蓄电池当中,镍氢蓄电池的自放电是比较大的。一般充满电常温搁置28天自放电达到10%~30%。

(6)材料成本高。镍氢蓄电池中使用了大量较贵重的金属,如镍、钴等,电池原材料成本比较高。

3. 三元锂蓄电池

三元锂蓄电池在容量与安全性方面比较均衡,是一款综合性能优异的蓄电池,如图1-7所示。能量密度高是三元锂蓄电池的最大优势。单体三元锂蓄电池放电电压平台高达3.7V,磷酸铁锂为3.2V,而钛酸锂仅为2.3V,因此从能量密度角度来说,三元锂蓄电池比磷酸铁锂、锰酸锂或者钛酸锂具有绝对优势。

图1-7 三元锂蓄电池

安全性较差和循环寿命较短是三元锂蓄电池的主要短板,尤其是安全性能,是一直限制其大规模配组和大规模集成应用的一个主要因素。大量实验测试表明,容量较大的三元锂蓄电池很难通过针刺和过充等安全性测试,这也是大容量电池中一般都要多引入锰元素,甚至混合锰酸锂一起使用的原因。500次的循环寿命在锂蓄电池中属于中等偏下,因此三元锂蓄电池目前最主要的应用领域是3C数码等消费类电子产品。代表车型有特斯拉MODEL S,其蓄电池安装位置如图1-8所示。

二、任务实施

根据比亚迪e5动力蓄电池,销售顾问可以从以下几方面进行介绍:

图 1-8　蓄电池安装位置

(一) 比亚迪 e5 动力电池类型

目前,越来越多的传统式混合动力电动汽车、几乎所有的插电式混合动力电动汽车与纯电动汽车都采用的是锂离子蓄电池。锂离子蓄电池诞生时间不算长,但因其质量小、储能大(能量密度高)、无污染、无记忆效应、循环使用寿命长等特点迅速占据了新能源汽车蓄电池绝大部分市场。在同体积同质量情况下,锂离子蓄电池的储电能力是镍氢蓄电池的 1.6 倍,是镍镉蓄电池的 4 倍,并且人类只开发利用了其理论电量的 20%~30%,开发前景非常好。同时,锂离子蓄电池不会对环境造成污染。

新能源汽车配备的锂离子蓄电池主要有磷酸铁锂蓄电池和三元锂蓄电池两种。比亚迪 e5 动力蓄电池采用的是磷酸铁锂蓄电池组。磷酸铁锂蓄电池的正极材料采用磷酸铁锂,负极材料是石墨,中间隔膜板是聚乙烯或聚丙烯材料,蓄电池中部的上下端装有有机电解质,外壳由金属材料密封,如图 1-9 所示。

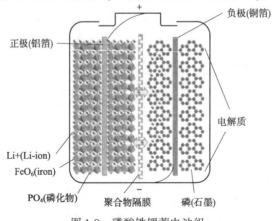

图 1-9　磷酸铁锂蓄电池组

(二)比亚迪 e5 动力蓄电池的安装位置

电动汽车的动力蓄电池一般位于车辆底部前、后桥及两侧纵梁之间,安装在这些位置能使其具有较高碰撞安全性,可以降低车辆重心,车辆操控性更好。将电动汽车的动力蓄电池安装在驾驶室后方的车架纵梁之上,不但使得拆装操作更加简单,避免了动力蓄电池安装分散,减少动力蓄电池之间高压连接线束的使用,避免了线路连接过多的问题,而且节约了成本。

动力蓄电池尽可能安装在清洁、阴凉、通风、干燥的地方,并避免受到阳光直射,远离加热器或其他辐射热源。动力蓄电池应当正立安装放置,不可倾斜,动力蓄电池组间应有通风措施,以避免因动力蓄电池损坏所产生的可燃气体引起爆炸和燃烧。

比亚迪 e5 动力蓄电池包安装在车辆底部,采用螺栓固定安装,位置如图 1-10 所示。

图 1-10 比亚迪 e5 动力蓄电池包安装位置

(三)比亚迪 e5 动力蓄电池的结构

比亚迪 e5 动力蓄电池标称电压为 633.6V,单体电池电压 3.3V,容量 75A·h。动力蓄电池组的密封盖一般通过几十个螺栓加密封胶以机械方式与托盘连接在一起。在动力蓄电池组密封盖上一般粘贴有几个提示牌,如一个型号铭牌和两个警告提示牌,如图 1-11 所示。

图 1-11 动力蓄电池型号铭牌和两个警告提示牌

小链接

动力蓄电池电压为600V以上时,动力蓄电池系统的安全风险和防护如何保障呢?动力蓄电池系统安全防护的根本原则:阻止电能和化学能在系统正常运行状态和某些非正常状态(法律法规、标准所规定的情况以及典型的失效情况),以不可控的方式释放,或减轻其不可控释放所带来的危害。

(1)针对电击危害:被动预防为主,保证足够的绝缘强度和有效的接触防护。

(2)针对燃烧危害:主动防护,阻止过充、短路、过热等情况,避免危害发生。良好的结构防护,保护电池在撞击、挤压、穿刺、跌落等情况下的安全性;良好的散热能力,降低内部热累积速度,避免热失控,内部组件的着火点温度阈值足够高,提高危害发生的门槛;防火槽、隔热材料、导火导热装置等中断火灾蔓延路径,阻止连锁反应;阻燃材料,降低燃烧损害;采取危险源检测与主动灭火装置。

(3)针对爆炸危害:预防为主,避免燃烧。中断和降损为辅,在发生爆燃时,有泄压装置,快速释放高温高压气体,避免爆炸或降低爆炸的力度。

比亚迪e5蓄电池包外部结构包括密封盖板、钢板压条、密封条、电池托盘,如图1-12所示。电池组由13个模组串联组成。

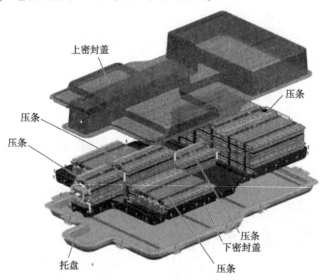

图1-12 比亚迪e5电池包外部结构

 **小链接**

电池单体,构成动力蓄电池模块的最小单元。

电池模块,一组并联的电池单体的组合,是电池单体在物理结构和电路上连接起来的最小分组,可作为一个单元替换。

模组,由多个电池模块或单体电芯串联组成的一个组合体。

(四)磷酸铁锂蓄电池的特点

磷酸铁锂蓄电池具有安全性好、使用寿命长、无记忆效应、耐高温等优势(表1-3),具有较好的发展前景。

磷酸铁锂蓄电池的特点　　　　表1-3

优　势	劣　势
(1)超长寿命:磷酸铁锂动力蓄电池在室温下1C充放电循环2000次,容量保持率80%以上,是铅酸蓄电池的5倍,镍氢蓄电池的4倍,钴酸锂蓄电池的4倍,锰酸锂蓄电池的4~5倍	(1)导电性差、锂离子扩散速度慢。高倍率充放电时,实际比容量低
(2)安全性高:磷酸铁锂蓄电池在高温下的稳定性保证了电池内在的高安全性;不会因过充、温度过高、短路、撞击而产生爆炸或燃烧	(2)制造成本高。材料物理性能和其他锂电材料相差较大,材料的加工性能不好,导致电池成本增加;同时,磷酸铁锂蓄电池只有3.2V,比其他的锂蓄电池低20%左右,单体电池要多用20%,导致电池组成本上升较多
(3)环保且不需要稀有金属:磷酸铁锂蓄电池不含任何(锂之外)重金属或者稀有金属,无毒无污染,为环保电池	(3)振实密度较低。因此,磷酸铁锂主要是用来制作动力蓄电池
(4)充电速度快,自放电少,无记忆效应:磷酸铁锂蓄电池可大电流2C快速充放电,在专用充电器下,2C充电30min内即可使电池充满95%,起动电流可达2C,而铅酸蓄电池现在无此性能	(4)一致性问题严重
(5)体积小,质量轻:轻量化,体积是相同容量铅酸电池的2/3,也较镍氢蓄电池体积小;质量是相同容量铅酸蓄电池的1/3,镍氢蓄电池的2/3左右	(5)磷酸铁锂蓄电池低温性能差
(6)电池单体电压高,放电平台稳定:为3.2V,串联少,电池组可靠性高	

(五)磷酸铁锂蓄电池的应用

工信部发布2017年第8批《新能源汽车推广应用推荐车型目录》。其中,纯电动动力新能源车型在国内发展势头依然强劲,推荐纯电动产品共249个车型,占总车型的91%。

数据显示,在纯电动车型中,有142款纯电动车型使用磷酸铁锂动力蓄电池,81款车型使用三元锂蓄电池,9款车型用钛酸锂蓄电池,5款车型用锰酸锂蓄电池。分布比例如图1-13所示;在推荐的249款纯电动车型中,纯电动客车共有113款,纯电动新能源专用车共有107款,纯电动乘用车共有29款车型,占比如图1-14所示。

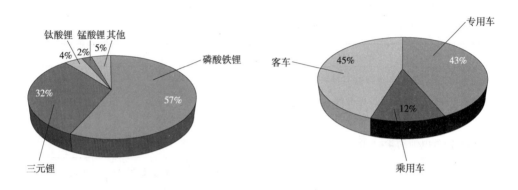

图1-13　动力蓄电池分布比例　　　　图1-14　纯电动车型分布

在113款纯电动客车中,使用磷酸铁锂蓄电池的车型约为98款,占整体比例的87%;三元锂蓄电池仅为1款,约占整体比例的1%;钛酸锂蓄电池使用数量为9款,约占整体比例的8%;使用锰酸锂蓄电池的车型为3款,约占整体比例的2%。

作为充电电池的要求是:容量高、输出电压高、良好的充放电循环性能、输出电压稳定、能大电流充放电、电化学稳定性能高、使用中安全(不会因过充电、过放电及短路等操作不当而引起燃烧或爆炸)、工作温度范围宽、无毒或少毒、对环境无污染。磷酸铁锂蓄电池在这些性能要求上都不错,特别在大放电率放电(5C~10C放电)、放电电压平稳、安全(不燃烧、不爆炸)、寿命(循环次数)、对环境无污染上是目前较好的大电流输出动力蓄电池。

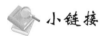

锂离子蓄电池同样可以满足电动汽车的低压用电需求,并且其充放电性能,特别是低温充放电性能要优于铅酸蓄电池。比亚迪e5低压蓄电池采用铁电池,低压铁电池与DC低压输出端并联,通过正极保险盒为整车低压电器提供13.8V电源。汽车在起动、行驶、搁置、ACC和充电状态都有可能会使用低压蓄电池,如图1-15所示。

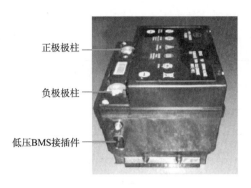

图 1-15　比亚迪 e5 低压蓄电池

三、任务测试（工作页）

1. 将动力蓄电池系统的作用填完整（图 1-16）

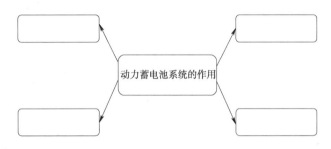

图 1-16　动力蓄电池系统的作用

2. 填空

蓄电池通常由_____、_____、_____和外壳四部分组成。

3. 请对相关联的名词解释进行连线

| 比能量 | 不能再充电的电池 |

| 二次电池 | 指动力蓄电池单位质量所能输出的电能 |

| 比功率 | 描述动力蓄电池在瞬间能放出能量的能力 |

| | 可重复进行充电、放电使用的电池 |

| 能量效率 | 动力蓄电池容量降低（衰减）到某一规定值之前，动力蓄电池能经受充电与放电的次数 |

| 一次电池 | |

| 循环寿命 | 当电流恒定，在相等的充电和放电时间内，蓄电池放出电量和充入电量的百分比 |

4. 请归纳各类电池的特点(表1-4)

各类电池的特点　　　　　　　　　　　　　表1-4

电池类型	优　　点	缺　　点
铅酸蓄电池		
镍氢蓄电池		
磷酸铁锂蓄电池		
三元锂蓄电池		

5. 角色扮演：两名同学进行情境角色扮演，完成顾客的咨询过程

情境一：顾客对动力蓄电池知识一无所知（见表1-5问题仅供参考，各组可自由发挥）

情境角色扮演　　　　　　　　　　　　　表1-5

甲同学（顾客）	乙同学（销售顾问）
1. 动力蓄电池一般有哪些类型	
2. 以上所介绍的几类蓄电池，分别有哪些特点	
3. 以上介绍的几类蓄电池，主要应用在什么车型上	
4. 判断动力蓄电池的性能，需要从哪些指标入手	
5. 电动汽车对动力蓄电池的要求有哪些	

情境二：顾客对动力蓄电池知识有一定的了解（见表1-6问题仅供参考，各组可自由发挥）

情境角色扮演　　　　　　　　　　　　　表1-6

甲同学（顾客）	乙同学（销售顾问）
1. 比亚迪e5选用的是什么类型的动力蓄电池	
2. 相对于铅酸蓄电池和镍氢蓄电池，磷酸铁锂蓄电池有哪些优势	
3. 比亚迪e5动力蓄电池标称电压为633.6V，汽车高压安全是如何保障的	
4. 面对高压安全问题，驾驶人及维修操作人员应该如何做好防范	
5. 比亚迪e5蓄电池包外部结构包括哪些	
6. 磷酸铁锂蓄电池在汽车上的应用情况如何	

6.完成评价表(表1-7)

评 价 表 表1-7

评价项目	考核标准	完成效果				自评25%	组评25%	师评50%
		优秀	良好	一般	需努力			
任务完成过程(40)	作业前后的6S管理	5	4	3	2			
	对存疑问题点有所记录,积极提问,并解决存疑的问题	5	4	3	2			
	成果报告	10	8	6	4			
	实施方案	10	8	6	4			
	信息查询能力和工作页完成情况	5	4	3	2			
	能处理完成任务过程中出现的突发问题	5	4	3	2			
任务质量(30)	表达是否全面到位	15	12	8	4			
	能否解决顾客问题	15	12	8	4			
团队协作(15)	积极参与讨论,有协作精神,为其他同学提供帮助	5	4	3	2			
	在学习中提出独特的见解,帮助本组解决学习难题	10	8	6	4			
学习情况(15)	出勤情况良好,无缺勤,无迟到、早退	5	4	3	2			
	课内外均有参与学习活动	5	4	3	2			
	遵守课堂纪律,有良好的行为习惯,无损坏设备	5	4	3	2			
合计								

教师建议:

学习任务 2　认识动力蓄电池管理系统

 学习目标

1. 能严格执行"6S"管理规定；
2. 能够描述动力蓄电池管理系统的基本功能；
3. 能够描述动力蓄电池管理系统的工作模式；
4. 能够介绍比亚迪 e5 的蓄电池管理系统。

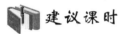 **建议课时**

4 课时。

 任务描述

一名客户想要购买一台比亚迪 e5 汽车，他来到 4S 店了解电动汽车，想要了解比亚迪 e5 汽车的动力蓄电池管理系统。作为一名销售顾问，请您为客户介绍比亚迪 e5 动力蓄电池管理系统的基础知识。

一、信息收集

由于动力蓄电池能量和端电压的限制，纯电动汽车需要采用多块电池进行串、并联组合，但是由于动力蓄电池特性的非线性和时变性，以及复杂的使用条件和苛刻的使用环境，在纯电动汽车使用过程中，要使动力蓄电池工作在合理的电压、电流、温度范围内，纯电动汽车上动力蓄电池需要进行有效管理。对于镍氢蓄电池和锂离子蓄电池，有效的管理尤其需要，如果管理不善，不仅可能会显著缩短动力蓄电池的使用寿命，还可能引起着火等严重安全事故，因此，动力蓄电池管理系统(Battery Management System，BMS)成为电动汽车的必备装置，如图 2-1 所示。

（一）蓄电池管理系统的功能

动力蓄电池组的管理系统是整车能源管理系统的一个子系统，为保护动力蓄电池，合理地使用并管理电池组的电能，为驾驶人提供并显示动力电池组的动态变化参数等，是电动汽车节能、减排和延长续驶里程的重要管理机构。

动力蓄电池管理系统与电动汽车的动

图2-1　动力蓄电池管理系统

力蓄电池紧密结合在一起，随时对动力蓄电池的电压、电流、温度进行检测，同时还进行漏电检测、热管理、电池均衡管理、报警提醒，计算剩余容量、放电功率，报告 SOC（State of Charge，荷电状态）、SOH（State of Health，性能状态，也称健康状态），还根据动力蓄电池的电压、电流及温度用算法控制最大输出功率以获得最大续驶里程，以及用算法控制充电机进行最佳电流的充电，通过CAN总线接口与车载总控制器、电动机控制器、能量控制系统、车载显示系统等进行实时通信，以避免出现过放、过充、过热和单体蓄电池之间电压严重不平衡现象，最大限度地利用动力蓄电池存储能力和循环寿命。蓄电池管理系统的常见功能模块可以分为测量功能、状态估计功能、系统辅助功能和通信与故障诊断，详见表2-1。

蓄电池组管理系统的基本功能　　　　　　　　　　表2-1

功能模块	关键技术项目	相关系统和装置	功　　能
测量功能	建立电池模型	—	描述电池参数的动态变化规律，用数字方程表达，用于动力蓄电池系统仿真
	数据监测及采集	集中式或分布式监测装置	单体蓄电池电压、电流，动力蓄电池组总电压、总电流，控制均衡充放电策略
状态估计功能	能量管理	电池管理模块	根据电池的电压、电流及 SOC 控制电流的充放电，防止过充和过放
	状态估算	电池管理器模块	根据动力蓄电池 SOC 和 SOH 的算法，估算电池寿命（衰减）状态
辅助系统功能	热量管理	热量检测模块及传感器	冷却系统和冷却装置（风扇或液泵）检测及控制
	数据显示	仪表、显示器	动力蓄电池组实时电压、电流、SOC、剩余电量、温度等数据显示和故障报警等

续上表

功能模块	关键技术项目	相关系统和装置	功　能
通信与故障诊断	安全管理	自动断电、报警	动力蓄电池过充、过放、过压、过流、高温等危险状态自动切断电源、报警等
	数据处理与通信	串行通信接口、CAN总线	单体蓄电池采用串行通信接口，整车管理系统采用CAN总线

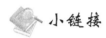

整车的剩余电量，通常称为 SOC(State of Charge)，也叫荷电状态，代表的是电池使用一段时间或长期搁置不用后的剩余容量与其完全充电状态的容量的比值，常用百分数表示。其取值范围为 0~1，当 SOC=0 时表示电池放电完全，当 SOC=1 时表示电池完全充满，即电池当前的容量。当车辆行驶过程中，随着动力蓄电池电量的消耗，SOC 表上的指针指示的数值会逐渐减小。当 SOC 减小到 30% 以下时，SOC 表上的电量不足指示灯会点亮，它提示用户尽快对车辆进行充电。

(二)蓄电池管理系统的组成及原理

动力蓄电池管理系统主要由采集模块、主控模块、显示模块和电池均衡控制模块等组成。

(1)采集模块：采集电压、电流、温度。

(2)主控模块：主控模块完成对电池组总电压、总电流的检测，并通过 CAN 总线与采集模块、均衡模块、显示模块或车载仪表系统及充电机等通信。

(3)显示模块：用于电池组的状态以及 SOC 等各种参数的显示、操作等，并可保存相关数据。

(4)电池均衡控制模块：当电池箱内电池电压不一致超过规定值时，在充电电流小于一定值后，可对电池进行均衡，见图 2-2。

动力蓄电池管理系统包括动力蓄电池管理系统控制单元 MCU、动力蓄电池单体电压和温度信号采集模块(BMU 模块)、总电流及总电压信号采集模块(UI 模块)、整车通信模块、高压电安全系统(高压接触器、熔断器)及电流均衡模块、热管理系统和检测单元(电流传感器、电压传感器和温度传感器)等。均衡功能包括电池单体电压及温度均衡两个方面，附带有监测并响应碰撞及电池渗漏的功能，当监测到影响安全的信号时，管理系统则立即切断高压电供给。

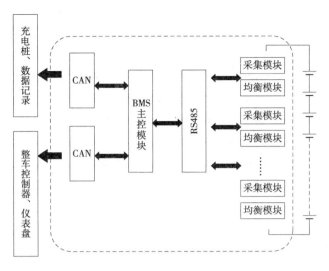

图 2-2 电池均衡控制模块

(三) 蓄电池管理系统的工作模式

动力蓄电池单体电压和温度信号采集模块（BMU 模块）主要用于采集电池单体的电压及温度信息,通过相应接口传至高压接触器控制及电流均衡模块,经控制策略算法,实现各接触器的动作,从而使动力蓄电池管理系统进入不同的工作模式。动力蓄电池管理系统可工作于下电模式、准备模式、放电模式、充电模式和故障模式 5 种工作模式下,详见表 2-2。

蓄电池组管理系统的工作模式　　　　　　　　表 2-2

工作模式	工作过程
下电模式	整个系统的低压与高压处于不工作状态的模式。动力蓄电池管理系统控制的所有高压接触器均处于断开状态;低压控制电源处于不供电状态。下电模式属于省电模式
准备模式	系统所有的接触器均处于未吸合状态。在该模式下,系统可接受外界的点火开关、整车控制器、电动机控制器、充电插头开关等部件发出的硬线信号或受 CAN 总线报文控制的低压信号来驱动控制各高压接触器,从而使动力蓄电池管理系统进入所需工作模式
放电模式	动力蓄电池管理系统监测到点火开关的高压上电信号后,系统首先控制进入预充电状态;当预充电容两端电压达到母线电压的 90% 时,立即进入放电模式
充电模式	动力蓄电池管理系统检测到充电唤醒信号时,系统即进入充电模式。在充电模式下,系统不响应点火开关发出的任何指令,充电插头提供的充电唤醒信号可作为充电模式的判定依据。对于磷酸铁锂蓄电池,由于其低温下不具备很好的充电特性,甚至还伴随有一定的危险性,因此基于安全考虑,还应在系统进入充电模式之前对系统进行一次温度判别。当电池温度低于 0℃ 时,系统进入充电预热模式,此时可通过接通直流转换器接触器对低压蓄电池进行供电,并为预热装置供电以对电池组进行预热;当电池组内的温度高于 0℃ 时,系统可进入充电模式

续上表

工作模式	工作过程
故障模式	故障模式是控制系统中常出现的一种状态。动力蓄电池管理系统对于故障的响应还需根据故障等级而定,当其故障级别较低时,系统可采取报错或者发出报警信号的方式告知驾驶人;而当故障级别较高,甚至伴随有危险时,系统将采取断开高压接触器的控制策略。低压蓄电池是整车控制系统的供电来源,无论是处于充电模式、放电模式还是故障模式,直流转换器接触器的闭合都可使低压蓄电池处于充电模式,从而保证低压控制系统工作正常

无论在充电状态还是在放电状态,蓄电池的电压不均衡与温度不均衡将极大地妨碍动力蓄电池性能的发挥。在充电状态下,极易出现电压、温度不均衡的状态,充电过程中可通过电压比较及控制电路使得电压较低的单体蓄电池充电电流增大,而让电压较高的电池单体充电电流减小,进而实现电压均衡的目的。温度的不均匀性会大大降低动力蓄电池组的使用寿命,因此,当电池单体温度传感器监测出各单体电池温度不均衡时,可选择强制风冷的方式,实现蓄电池组内气流的循环流动,以达到温度均衡的目标。

二、任务实施

根据比亚迪 e5 动力蓄电池管理系统,销售顾问可以从以下几方面进行介绍:

(一) 比亚迪 e5 蓄电池管理系统的组成及功能

比亚迪 e5 电池管理系统(图 2-3)采用分布式蓄电池管理系统,由 1 个蓄电池管理控制器(BMC)和 13 个电池信息采集器(BIC)及 1 套动力蓄电池采样线组成。

图 2-3 比亚迪 e5 蓄电池管理系统

蓄电池管理控制器主要实现充/放电管理、接触器控制、功率控制、电池异样报警和保护、SOC/SOH 计算、自检以及通信功能等。

蓄电池信息采集器的主要功能有电池电压采样、温度采样、电池均衡、采样线异常检测等。

动力蓄电池采样线的主要功能是连接电池管理器和电池信息采集器,实现二者之间的通信及信息交换。

蓄电池管理控制器是监控动力电池包、保证动力电池包正常工作的监控单元，主要目的是保证每节串联电池的电压、电流等各项性能指标的一致性。由于蓄电池的原理像木桶效应，某一节短板的话，所有电池性能都将按照这一节性能计算，这将对电池可靠性提出极其高的要求，为了防止过充、过放、过温等一系列影响单节电池性能的问题出现，通过蓄电池管理器进行监控，保证单体蓄电池工作在正常工作状态下。

（二）比亚迪 e5 蓄电池管理控制器的安装位置

比亚迪 e5 蓄电池管理控制器位于高压电控后部，位置如图 2-4。

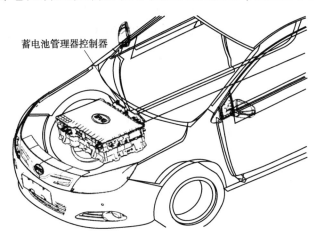

图 2-4　比亚迪 e5 蓄电池管理控制器的安装位置

（三）比亚迪 e5 蓄电池管理系统的原理

蓄电池管理系统通过检测动力蓄电池组中各单体蓄电池的状态来确定整个蓄电池系统的状态，并根据它们的状态对动力蓄电池系统进行对应的控制调整和策略实施，实现对动力蓄电池系统及各单体的充放电管理以保证动力蓄电池系统安全稳定地运行。

基于各个模块的功能，BMS 能实时检测动力蓄电池的电压、电流、温度等参数，实现对动力蓄电池进行热管理、均衡管理、高压及绝缘检测等，并且能够计算动力蓄电池剩余容量、充放电功率以及 SOC/SOH 状态。一般通过采用内部 CAN 总线技术实现模块之间的数据信息通信，如图 2-5 所示。

（四）比亚迪 e5 蓄电池管理系统监测的主要数据

比亚迪 e5 采用分布式蓄电池管理系统，控制器主要监测动力蓄电池电压数据、电流数据、温度数据、碰撞数据和漏电数据，详见表 2-3。

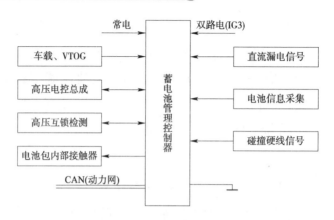

图 2-5 比亚迪 e5 蓄电池管理系统的原理

电池组管理系统的监测数据　　　　　　　　表 2-3

序号	名称	蓄电池工作状态	警　报	措　　施
1	动力蓄电池电压	放电状态	单节蓄电池电压过低一般报警	(1)大功率(主电机、空调压缩机和PTC)降低当前电流,限功率工作; (2)仪表显示报警信息; (3)电压低于一定值时,SOC 修正为 0
			单节蓄电池电压过低严重报警	(1)大功率设备(主电机、空调压缩机和PTC)停止放电; (2)延迟一定时间切断主接触器,断开负极接触器; (3)仪表灯亮; (4)仪表显示报警信息
		充电状态	单节蓄电池电压过高一般报警	(1)禁止动力蓄电池进行充电; (2)仪表显示报警信息; (3)电压达到一定值时,SOC 修正为 100; (4)电机能量回馈禁止
			单节蓄电池电压过低严重报警	(1)延迟一定时间断开充电接触器,断开负极接触器,禁止充电; (2)仪表灯亮; (3)仪表显示报警信息
2	动力蓄电池电流	蓄电池放电电流	过流报警	(1)要求大功率用电设备(电机、空调压缩机和PTC)降低电流,限功率工作; (2)如果在过流报警发出后,电流依然在过流状态并持续10s,断开充电接触器,禁止充电
		蓄电池充电电流		电流在过流状态持续10s,断开充电接触器,禁止充电
		回馈充电电流		(1)要求电机控制器限制回馈充电电流; (2)如果发出过流报警后,电流依然处于过流状态并持续10s,断开主接触器

续上表

序号	名称	蓄电池工作状态	警报	措施
3	动力蓄电池温度	充放电状态下	蓄电池组过热一般报警	(1)充电设备降低当前充电电流; (2)大功率设备(驱动电机、空调压缩机和PTC)降低当前电流; (3)仪表显示报警信息
		充放电状态下	蓄电池组过热严重报警	(1)充电设备关断充电,直到清除报警; (2)大功率设备(驱动电机、空调压缩机和PTC)停止用电; (3)延迟一定时间切断主接触器、负极接触器; (4)仪表灯亮; (5)仪表显示报警信息
		充放电状态下	蓄电池组低温一般报警	(1)限功率充电; (2)仪表显示报警信息
		充放电状态下	蓄电池组严重低温报警	(1)限功率充电; (2)仪表显示报警信息
	碰撞保护	充放电状态下	碰撞故障	立即断开主接触器、分压接触器
4	动力蓄电池漏电	充放电状态下	正常	—
		充放电状态下	一般漏电报警	仪表灯亮,报动力系统故障
		充放电状态下	严重漏电报警	行车中:仪表灯亮,立即断开主接触器、分压接触器。 停车中: (1)禁止上电; (2)仪表灯亮,报动力系统故障。 充电中: (1)断开交流充电接触器、分压接触器; (2)仪表灯亮,报动力系统故障

(五) 比亚迪 e5 蓄电池管理系统参数标定

更换蓄电池包或者蓄电池管理器时,需要重新标定蓄电池容量和 SOC。

(1)更换蓄电池包时,根据蓄电池包出货检验报告单(表2-4)上的数据标定蓄电池容量和 SOC。

(2)更换蓄电池管理器时,根据原车蓄电池包数据(图2-6)标定蓄电池容量和 SOC。

5AEVD 出货检验报告　　　　　　　　　表 2-4

项目名称	5AEVD	检验日期	2016/2/11
SAF 码	11550650-00	电池包编号	040B2DLNC205AB050
检验依据			
检验项	检验标准	判定栏	备注栏
容量	>75A·h	■OK　□NG	75
反充电容量	32A·h	■OK　□NG	42.70%
绝缘电阻	≥2000Ω/V	■OK　□NG	8410

图 2-6　蓄电池包数据

三、任务测试(工作页)

1. 填空

(1)动力蓄电池管理系统主要由＿＿＿、＿＿＿、＿＿＿和电池均衡控制模块等组成。

(2)动力蓄电池管理系统可工作于＿＿＿、＿＿＿、＿＿＿、＿＿＿和＿＿＿5 种工作模式下。

(3)整个系统的低压与高压处于不工作状态的模式是＿＿＿模式。

(4)动力蓄电池管理系统监测到点火开关的高压上电信号后,系统首先控制进入＿＿＿状态;当预充电容两端电压达到母线电压的 90% 时,立即进入＿＿＿。

(5)当蓄电池管理系统处于＿＿＿模式,系统所有的接触器均处于未吸合状态。

(6)动力蓄电池管理系统检测到充电唤醒信号时,系统即进入＿＿＿模式。

(7)对于磷酸铁锂蓄电池,在蓄电池管理系统进入充电模式之前对系统进行一次温度判别。当电池温度_____时,系统进入充电预热模式;当电池组内的温度_____时,系统可进入充电模式。

2. 请对相关联的名词解释进行连线(图2-7)

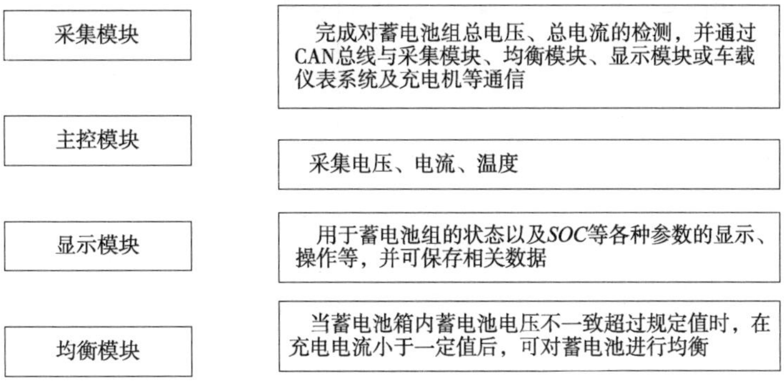

采集模块	完成对蓄电池组总电压、总电流的检测,并通过CAN总线与采集模块、均衡模块、显示模块或车载仪表系统及充电机等通信
主控模块	采集电压、电流、温度
显示模块	用于蓄电池组的状态以及SOC等各种参数的显示、操作等,并可保存相关数据
均衡模块	当蓄电池箱内蓄电池电压不一致超过规定值时,在充电电流小于一定值后,可对蓄电池进行均衡

图2-7 名词解释连线

3. 角色扮演:两名同学进行情境角色扮演,完成顾客的咨询过程(表2-5)

情境角色扮演　　　　　　　　　　　表2-5

甲同学(顾客)	乙同学(销售顾问)
1. 动力蓄电池管理系统有什么功能	
2. 动力蓄电池管理系统的基本组成有哪些	
3. 动力蓄电池管理系统的基本控制原理是什么	
4. 比亚迪e5动力蓄电池管理系统安装在哪个位置	
5. 比亚迪e5蓄电池管理系统主要监测了哪些数据	
6. 您能简单介绍一下动力蓄电池管理系统的工作模式吗	

4. 完成评价表(表2-6)

考核评价表(适用于销售顾问角色)　　　　表2-6

评价项目	考核标准	完成效果				自评25%	组评25%	师评50%
		优秀	良好	一般	需努力			
任务完成过程(40)	作业前后的6S管理	5	4	3	2			
	对存疑问题点有所记录,积极提问,并解决存疑的问题	5	4	3	2			
	成果报告	10	8	6	4			
	实施方案	10	8	6	4			
	信息查询能力和工作页完成情况	5	4	3	2			
	能处理完成任务过程中出现的突发问题	5	4	3	2			

续上表

评价项目	考核标准	完成效果				自评 25%	组评 25%	师评 50%
		优秀	良好	一般	需努力			
任务质量（30）	表达是否全面到位	15	12	8	4			
	能否解决顾客问题	15	12	8	4			
团队协作（15）	积极参与讨论,有协作精神,为其他同学提供帮助	5	4	3	2			
	在学习中提出独特的见解,帮助本组解决学习难题	10	8	6	4			
学习情况（15）	出勤情况良好,无缺勤,无迟到、早退	5	4	3	2			
	课内外均有参与学习活动	5	4	3	2			
	遵守课堂纪律,有良好的行为习惯,无损坏设备	5	4	3	2			
	合计							

教师建议：

学习任务3　动力蓄电池包高压作业安全防护

 学习目标

1. 能够正确安全地进行蓄电池包安全策略的检测等相关操作；
2. 能够学会相关安全防护和急救措施；
3. 能够实施6S，进行团队合作。

 建议课时

8课时。

 任务描述

在进行纯电动汽车的动力蓄电池的检修工作前，应该熟练掌握动力蓄电池包拆装的安全指引，否则无法上岗。

一、信息收集

(一) 高压电池包的安全策略

新能源电动汽车的蓄电池包多为高压电池，作为一名维修人员如果不按照相关规程进行操作，那是相当危险的，一旦发生安全事故，后果亦是非常严重，故对所有接触新能源电动汽车的人员进行安全知识的普及是非常有必要的。

通常，动力蓄电池包输出电压直流电一般在240～420V之间，输出最大电流可达到200A，如图3-1所示。

整车高压各系统都有对应的继电器、熔断丝等保护器件，继电器由系统控制模块控制其闭合、断开。动力蓄电池包也不例外：当动力蓄电池的主回路继电器断开后，蓄电池外部回路不带电。熔断丝为典型的限值电流器件，当电流超过其限值电流时，熔断丝被烧断，直接切断电路回路，保证安全，如图3-2所示。

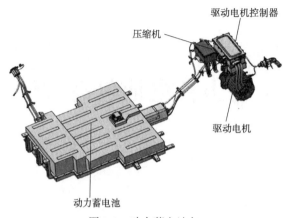

图 3-1　动力蓄电池包

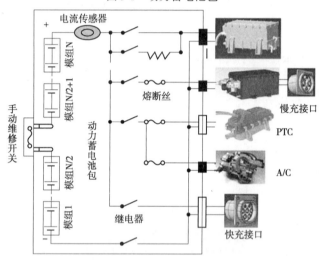

图 3-2　高压电系统连接电路

动力蓄电池包在模组中间安装了手动维修开关(MSD),原则上装车时,MSD不允许插入。当 MSD 不插入时,电池内无法形成回路,此时即使继电器闭合,电池外部回路也不带电,如图 3-3 所示。

图 3-3　动力蓄电池包实物

1. 互锁检测

蓄电池管理系统对与蓄电池系统直接相连的高压接插件的连接可靠性进行检测,包括对蓄电池系统上盖、熔断丝盒维修口盖、PTC 接口和快充高压接口进行检测,如图 3-4 所示。

HVIL母端

HVIL公端

图 3-4　动力蓄电池高压互锁接插件

所有互锁点的互锁装置和开盖检测触点串联为 1 路 HVIL 回路,互锁故障为系统 3 级故障,如图 3-5 所示。

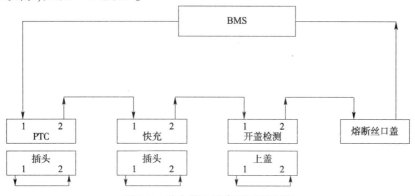

图 3-5　动力蓄电池高压互锁电路

2. 维修开关状态检测

蓄电池管理系统可独立实现对维修开关状态的检测,维修开关在拔出后,关断所有继电器,所有高压回路切断成 2 部分。同时维修开关的检测状态通过 CAN 总线发送到整车网络,其他高压系统断开继电器,如图 3-6、表 3-1 所示。

图 3-6　维修开关

维修开关状态检测　　　　　　表3-1

总线状态	维修开关状态	接触器状态	总线状态	维修开关状态	接触器状态
0	拔出	所有接触器断开	2	插入	有接触器闭合
1	插入	所有接触器断开	3	不确定	不确定

3．继电器状态检测

(1)蓄电池管理系统对所有接触器断开、闭合状态进行检测；

(2)蓄电池管理系统对所有接触器熔结、无法闭合的故障状态进行检测；

(3)蓄电池管理系统对接触器的使用寿命进行统计，统计数据可通过外部诊断仪读取。

不管是何种原因(正常或非正常操作)导致继电器达到其使用寿命，电池系统策略控制接触器不再闭合。

(二) 防护与急救

1．安全防护措施

(1)在新能源汽车全部停电或部分停电的电气设备上工作，必须完成下列措施(七步法)：①停电；②挂锁；③验电；④放电；⑤悬挂标示牌；⑥装设遮栏；⑦有人监护。

(2)在高压设备上的检修工作需要停电时、将检修设备停电，必须把各方面的电源完全断开，禁止在只给开关断开电源的设备上工作，工作地点各方必须有明显断开点。

(3)在电气设备验电前，应先在有电设备上进行试验，确证验电器良好；验电器必须用电压等级合适而且合格的验电器，在检修设备进出线两侧各相分别放电后，用测量用具确认放电完成，无电压。

(4)对于大事故车辆或异常车辆(如有焦煳味、冒烟等)要有专用的场地(或工位)进行观测48h，并有防爆防火设施。

(5)维修动力蓄电池组或更换电芯时，施工人员应做好相应的屏护和警示工作并出示施工的内容及工作进程，离开施工现场时应用绝缘隔板或绝缘罩设置在动力蓄电池组的外露部分并写明离开原因公示。维修或更换其他高压部件时，安全工作按照动力蓄电池的安全措施进行，安全注意事项表详见表3-2。

学习任务3 动力蓄电池包高压作业安全防护

安全注意事项表 表3-2

序号	注意事项
1	非持证电工不准装接电动汽车高压电气设备
2	任何人不准玩弄电气设备和开关
3	破损的电气设备应及时调换,不准使用绝缘损坏的电气设备
4	不准利用车身电源对电动汽车以外的用电设备供电
5	设备检修切断电源时,任何人不准启动挂有警告牌的电气设备,或合上拔去的熔断器
6	不准用水冲洗揩擦电气设备
7	熔断丝熔断时,不准调换容量不符的熔断丝
8	不经技术部门或主管部门审批,不准私自改动和加装
9	发现有人触电,应立即切断电源进行抢救,按未脱离电源前不准直接接触触电者
10	雷雨天气,禁止室外对车辆充电和维修维护

2. 触电急救措施

进行触电急救,应坚持迅速、就地、准确、坚持的原则。触电急救必须分秒必争,立即就地迅速用心肺复苏法进行抢救,并坚持不断地进行,同时及早与医疗部门联系,争取医务人员接替救治。在医务人员未接替救治前,不应放弃现场抢救,更不能只根据没有呼吸或脉搏擅自判定伤员死亡,放弃抢救。只有医生有权做出伤员死亡的判定!

1)脱离电源

(1)触电急救,首先要使触电者迅速脱离电源,越快越好。救护人员不准直接用手触及伤员,因为有触电的危险。使用绝缘工具、干燥的木棒、木板、绳索等,不导电的东西解脱触电者;也可抓住触电者干燥而不贴身的衣服,将其拖开,切记要避免碰到带电物体和触电者的裸露身躯;也可戴绝缘手套后解脱触电者。

(2)在动力蓄电池组维修或更换电芯时触电,触电者受到电击后极易麻痹、昏厥或休克而倒在电池上,由于电池内部的带电部分外露较多,为避免触电面积增加,进而对触电者的伤害加大,施救时可用绝缘隔板、干木板或绝缘塑料板插于触电者与电池之间,在进一步将触电者脱离移开,同时施救者也要保护自身安全。

2)伤员脱离电源后的处理

(1)触电伤员如神志清醒者,应使其就地躺平,严密观察,暂时不要站立或走动。

(2)触电伤员如神志不清者,应就地仰面躺平,且确保气道通畅,并用5s时间,呼叫伤员或轻拍其肩部,以判定伤员是否意识丧失。禁止摇动伤员头部呼叫伤员。

(3)需要抢救的伤员,应立即就地坚持正确抢救,并设法联系医疗部门接替救治。

(4)呼吸、心跳情况的判定:触电伤员如意识丧失,应在10s内,用看、听、试的方法,判定伤员呼吸心跳情况。看——看伤员的胸部、腹部有无起伏;听——用耳贴近伤员的口鼻处,听有无呼气声音;试——试测口鼻有无呼气的气流。再用两手指轻试一侧(左或右)喉结旁凹陷处的颈动脉有无搏动。若看、听、试结果,既无呼吸又无颈动脉搏动,可判定呼吸心跳停止。

(5)心肺复苏法:触电伤员呼吸和心跳均停止时,应立即按心肺复苏法支持生命的三项基本措施:通畅气道;口对口(鼻)人工呼吸;胸外按压(人工循环)。

二、任务实施

(一)准备工作

阅读《混合动力及纯电动车型维修安全规范》。

搭载电动力系统的混合动力及纯电动车型,整车涉及高压的部分有:整车橙色线束、动力蓄电池包、高压配电箱、车载充电器、太阳能充电器(装有时)、驱动电机控制器总成、DC与空调驱动器总成、电动力总成、电动压缩机总成、电加热芯体PTC、空调配电盒、漏电传感器等。为确保维修人员人身安全,避免违规操作引起安全事故,在进行高压电器维修时,请严格按以下要求及规范执行:

1. 安全防护要求

(1)维修人员必须佩戴必要的安全防护用品,如绝缘手套、防酸碱手套、绝缘鞋、绝缘垫、防护眼镜等,其耐压等级必须大于1000V,如图3-7所示。

图3-7 安全防护用品

(2)使用前必须检查绝缘手套是否有破损、破洞或裂纹等,应完好无损,确保安全。

(3)使用前必须检查绝缘手套、绝缘鞋等防护用品,不能带水进行操作,保证内外表面洁净、干燥,确保安全。

（4）绝缘手套、绝缘鞋、绝缘垫定期送当地省、市、县计量机构计量绝缘性能，计量间隔：自产品生产日期开始，每3个月一次。

（5）绝缘工具定期送当地省、市、县计量机构计量绝缘性能，计量间隔：自产品生产日期开始，每12个月一次。

（6）维修车辆时，必须设置专职监护人一名，监护人工作职责为监督维修的全过程，具体如下：

①监督维修人员组成、工具使用、防护用品佩戴、备件安全保护、维修安全警示牌等是否符合要求。

②检查紧急维修开关的接通和断开。

③负责对维修过程中的安全维修操作规程进行检查，监护人要按安全维修操作规程指挥操作，维修人员在做完一个操作后要告知监护人，监护人要在作业流程单上做标记。

④监护人要认真负起责任，确保维修过程的安全，避免发生安全责任事故。

⑤监护人及维修人员必须具备国家认可的《特种作业操作证（电工）》与《初级（含）以上电工证》（职业资格证书），严禁无证进行维修操作。

⑥监护人及维修人员必须经过汽车生产厂家混合动力及纯电动车型技术培训，并通过考核。

（7）严禁未经培训的人员进行高压部分检修，禁止一切带有侥幸心理的危险操作，避免发生安全事故。

2. 安全维修操作规范

（1）高压部件识别：

①整车橙色线束均为高压线。

②动力蓄电池包连至电源管理器的红色电压采样线束。

③高压零部件：动力蓄电池包、高压配电箱、车载充电器、太阳能充电器（装有时）、驱动电机控制器总成、DC与空调驱动器总成、电动力总成、电动压缩机总成、电加热芯体PTC、空调配电盒、漏电传感器等。

（2）检修高压系统时，点火开关必须处于OFF挡（若为智能钥匙系统，车辆须不在智能钥匙感应范围内，并且车辆处于非充电状态），并拔下紧急维修开关。紧急维修开关拔下后，由专职监护人员保管，并确保在维修过程中不会有人将其插到高压系统上。

①断开紧急维修开关只是切断了高压用电设备的电源，并不能切断动力蓄

电池包的电源。

②当需要维修或更换高压配电箱时,应小心拔出连接动力蓄电池包的电缆正、负极高压接插件,使用绝缘胶带包好裸露出的桩头,避免触电。

(3)在断开紧急维修开关5min后,检修高压系统前应使用万用表测量整车高压回路,确保无电。

①确定方法:拔下紧急维修开关手柄后,测量动力电池包正极和车身之间的电压来初步判断是否漏电,若检测到电压大于等于50V,应立即停止操作,按《动力蓄电池包漏电检测作业指导书》检查。

②使用万用表测量高压时,需注意选择正确量程,检测用的万用表精度不低于0.5级,要求具有直流电压测量挡位,量程范围大于或等于1000V,并遵守"单手操作"原则。

③所使用的万用表一根表笔线上配备绝缘鳄鱼夹(要求耐压为3kV,过电流能力大于5A),测量时先把鳄鱼夹夹到电路的一个端子,然后用另一只表笔接到需测量端子测量读数。每次测量时只能用一只手握住表笔;测量过程中,严禁触摸表笔金属部分。

(4)调试高、低压系统注意事项:

①调试低压前必须断开紧急维修开关。

②调试高压时,必须由专职监护人指挥装配紧急维修开关。

③调试高压必须在低压调试好的前提下调试,便于判断动力蓄电池包是否漏电,如有漏电情况应及时检查,不能进行高压调试。

(5)拆装动力蓄电池包总成时,首先把高压配电箱连接高压线束插接件用绝缘胶带缠好,拆装过程不要损坏线束,以免发生触电危险。

(6)检修或更换高压线束、油管等经过车身钣金孔的部件时,需注意检查与车身钣金的防护是否正常,避免线束、油管磨损。

3. 安全维修注意事项

(1)在维修作业前请采用安全隔离措施(使用警戒栏隔离),并树立高压警示牌,以警示相关人员,避免发生安全事故,如图3-8所示。

(2)在维修高压部分过程前,请将车身用搭铁线连接到混合动力及纯电动车型专用维修工位的接地线上。

(3)在检修有电解液泄漏的动力蓄电池包时,需佩戴防护眼镜,以防止电解液溅入眼中。

图3-8 高压安全警示

(4)在车辆上电前,注意确认是否还有人员在进行高压维修操作,避免发生危险。

(5)检修高压线束时,对拆下的任何高压配线应立刻用绝缘胶带包扎绝缘。

(6)钣金维修时,必须采用干磨工艺,严禁采用水磨工艺。

(7)整车进入烤漆房进行烘烤工艺时,必须将动力蓄电池包与整车分离。

注意:高压线束装配时,必须按照车身固定孔位要求将线束固定好。

(8)不能用手指触摸高压线束插接件里的带电部分以免触电,另外应防止有细小的金属工具或铁条等接触到接插件中的带电部分。

(9)若发生异常事故和火灾时,操作人员应立即切断高压回路,其他人员立即使用灭火器扑救,使用干粉灭火器,严禁用水剂灭火器。

(10)当发生电池漏电解液,切勿用手触摸,稀释电解液需用葡萄糖软膏进行稀释,不可用水稀释。

(11)对于空调制冷剂和冷冻油的回收、加注须用单独的专用设备进行,不能与燃油车型制冷剂加注及回收设备混用,避免对车辆空调系统及环境造成危害。

(12)对于事故车处理要严格按照《混合动力及纯电动车型事故车辆存放规范》执行。

(13)对新能源车辆维修必须要有相应的备件储备,避免高压部件损坏无维修备件导致风险。

(14)维修安全操作的规范,请各服务店严格遵照执行,避免发生安全事故!

阅读《升降机安全操作规程》。

(1)使用前应清除举升机附近妨碍作业的器具及杂物,并检查操作手柄是否正常。

(2)操作机构灵敏有效,液压系统不允许有爬行现象。

(3)待举升车辆驶入后,应将举升机支撑块调整移动对正该车型规定的举升点,举升臂应尽量缩到最小长度,并调节举升胶垫以便均匀接触。

(4)支车时,四个支角应在同一平面上,调整支角胶垫高度使其接触车辆底盘支撑部位,使举升臂升至举升胶垫完全接触车辆,检查是否已牢固负载。

(5)举升时人员应离开车辆,缓慢将车辆从地面升起确保平衡负载,再举升至所需工作高度。

(6)放开上升按钮,将车辆降低至安全保险位置,即可进行维修工作。

(7)放下车辆前应先举升车辆,将安全保险拉开,再按下降手柄使车辆缓慢下降至举升臂放至最低为止,移开举升臂,驶出车辆。

(8)举升器不得频繁起落。

(9)有人作业时严禁升降举升机。

(10)发现操作机构不灵,电机不同步,托架不平或液压部分漏油,应及时报修,不得带故障操作。

(11)作业完毕应清除杂物,打扫举升机周围以保持场地整洁。

(12)除维护及小修项目外,其他烦琐笨重作业,不得在举升机上操作。

(13)定期排除举升机油缸积水,并检查油量,油量不足应及时加注相同牌号的液压油。应坚持每天检查举升机各传动机构、链条、钢丝绳、锁止装置、各部位润滑及工作情况。

(二)技术要求与注意事项

(1)检查工作周围环境,例如是否设置隔离区,绝缘是否良好。

(2)检查个人安全防护用品是否齐全,且是否有破损,如果有破损应及时更新,同时摘除身上一切金属饰物。

(3)对相关设备做好点检工作,例如车辆举升机。定期排除举升机油缸积水,并检查油量,油量不足应及时加注相同牌号的液压油。应坚持每天检查举升机各传动机构、链条、钢丝绳、锁止装置、各部位润滑及工作情况。

(4)注意检查调试测量工具和仪器。

(5)做好车辆的防护工作。

(三)操作步骤

1.作业前准备

(1)设置安全隔离,并放置安全警示牌,如图3-9所示。

(2)检查并穿戴个人安全防护用品,如图3-10所示。

图 3-9　高压安全隔离警示　　　　　　图 3-10　个人安全防护用品

（3）检查设备工具，如图 3-11 所示。
（4）检查绝缘工具，如图 3-12 所示。

图 3-11　设备工具　　　　　　　　　图 3-12　绝缘工具

（5）实施车辆防护，如图 3-13 所示。
（6）检查举升机，如图 3-14 所示。

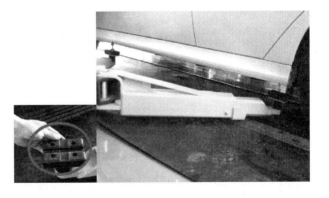

图 3-13　车辆防护　　　　　　　　　图 3-14　举升机

（7）检查蓄电池举升车，如图 3-15 所示。
（8）检测绝缘垫对地绝缘性能，如图 3-16 所示。

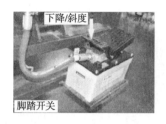  

图 3-15　蓄电池举升车　　　　　　　　　图 3-16　绝缘垫性能检测

2. 车辆初步检查

（1）检查确认车辆停放。

（2）确认驻车制动。

（3）起动车辆，确认车辆处于空挡。

（4）检查仪表盘所显示的故障，填写任务单。

（5）熄火，钥匙保持在 ON 位置。

（6）连接故障诊断仪，如图 3-17 所示。

（7）用故障诊断仪读取故障码，填写任务单，如图 3-18 所示。

 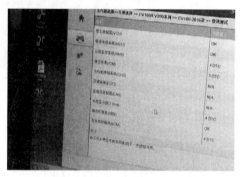

图 3-17　连接故障诊断仪　　　　　　　　图 3-18　读取故障码

（8）关闭点火开关，放好车钥匙。

三、任务测试（工作页）

1. 查找相关资料，请用铅笔圈出下列（图 3-19）电动汽车动力蓄电池所处位置

2. 填空

（1）高压电系统都设有相关的安全保护器件，如图 3-20 所示，A _____、B _____ 等保护器件，动力蓄电池属于高压电，所以它也不例外：当动力蓄电池的主回路 _____ 断开后，电池外部回路不带电，而作为典型的限值电流器件 _____，当电流超过其限值电流时，直接烧断电路回路，保证安全。

比亚迪e6

特斯拉MODEL X

特斯拉MODEL S

众泰E200

比亚迪宋EV300

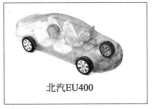
北汽EU400

图3-19 动力蓄电池所处位置

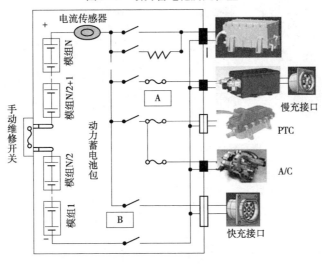

图3-20 高压电系统连接电路

（2）在进行动力蓄电池维修检测前，为了保证即使动力蓄电池继电器闭合，电池外部回路也不带电，通常情况下，在电池模组中间设有_____开关，其英文简称是_____。根据之前所学知识，请你找出目前所维修车辆上，该动力电池开关位置，并用手机相机拍摄，做好描述。

（3）在实施检测前，必须正确穿戴好相关的劳保用品。请根据图3-21，找出所需劳保用品。

我组所找：_____
_____
_____

他组所找：(补充)_____
_____
_____

汇总总结：_____
_____
_____

图3-21　个人安全防护用品检查

(4) 实施动力蓄电池检测，检测内容主要有_____、_____、_____。

(5) 图3-22所对应的是动力蓄电池检测中哪项检测？_____

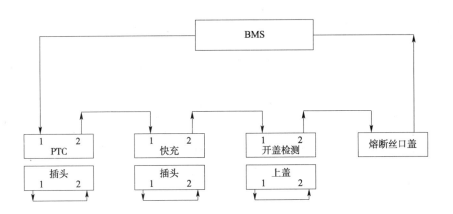

图 3-22 动力电池高压互锁电路

(6)找出表 3-3 中相应维修开关的检测状态。

维修开关状态检测 表 3-3

总线状态	维修开关状态	接触器状态	总线状态	维修开关状态	接触器状态
0		所有接触器断开	2		有接触器闭合
1	插入			不确定	不确定

(7)在实施操作的过程中,我们必须做好相关的安全防护措施!完成好七步法:检查队友是否做到,并在方框处打勾。

□停电;

□＿＿＿＿＿;

□＿＿＿＿＿;

□放电;

□＿＿＿＿＿;

□＿＿＿＿＿;

□有人监护;

(8)找出工作过程中不足之处(至少5项)。

_____

_____

(9)现场模拟,如果发生触电,应先后采用哪些应急措施。

_____

_____

(10)完成交车手续。

跟客户说明车辆情况：_____

_____

提醒客户用车注意事项：_____

_____

客户对服务点评记录：□优　□良　□中　□差

收集意见或建议：_____

_____

(11)自我总结评价(好的3项,不足之处3项)。

□优　□良　□中　□差

好的：_____

_____

_____

不足之处：_____

_____

_____

3.完成评价表(表3-4)

评 价 表　　　　　　　　　　　　　　　　　表3-4

评价项目	考核标准	完成效果				自评25%	组评25%	师评50%
		优秀	良好	一般	需努力			
任务完成过程(40)	作业前后的6S管理	5	4	3	2			
	对存疑问题点有所记录,积极提问,并解决存疑的问题	5	4	3	2			
	成果报告	10	8	6	4			
	工艺卡(实施方案)	10	8	6	4			
	信息查询能力和工作页完成情况工艺	5	4	3	2			
	工具设备选用、安装方法合理/正确,能处理完成任务过程中出现的突发问题	5	4	3	2			
任务质量(30)	质量检验是否全面到位	15	12	8	4			
	电池能否正常作用	15	12	8	4			

续上表

评价项目	考核标准	完成效果				自评 25%	组评 25%	师评 50%
		优秀	良好	一般	需努力			
团队协作 (15)	积极参与讨论,有协作精神,为其他同学提供帮助	5	4	3	2			
	在学习中提出独特的见解,帮助本组解决学习难题	10	8	6	4			
学习情况 (15)	出勤情况良好,无缺勤,无迟到、早退	5	4	3	2			
	课内外均有参与学习活动	5	4	3	2			
	遵守课堂纪律,有良好的行为习惯,无损坏设备	5	4	3	2			
合计								

教师建议:

学习任务4　拆装纯电动汽车动力蓄电池包

 学习目标

1. 能够正确地进行动力蓄电池包的拆装；
2. 能够正确安全地使用工具和设备；
3. 学会翻阅工作手册及相关资料；
4. 能够实施6S,进行团队合作。

 建议课时

8课时。

 任务描述

一辆行驶里程数约为30000km的比亚迪e5轿车，车主早上开车的时候发现"OK"灯不亮，且仪表显示"检查动力蓄电池系统"，经过车间主管用解码仪读取故障码并检测相关数据流，发现动力蓄电池包需要进行更换，你作为一名维修人员，请严格按照相关的作业标准，对该车辆的动力蓄电池包进行更换。

一、信息收集

（一）系统概述

动力蓄电池系统是电动汽车动力能源，它为整车驱动和其他用电器提供电能。

本车的动力蓄电池系统由动力蓄电池模组、电池信息采集器、串联线、托盘、密封罩、电池采样线组成。额定总电压为633.6V,总电量为47.5kW·h。

（二）动力蓄电池位置

动力蓄电池布置在整车地板下面，如图4-1所示。

学习任务4　拆装纯电动汽车动力蓄电池包

图 4-1　动力蓄电池位置示意图

二、任务实施

(一) 工具设备准备

(1) 准备必需的基本绝缘安全工(器)具:验电、放电工装、绝缘罩、绝缘隔板等。

(2) 准备必需的辅助安全工(器)具:绝缘手套、护目镜、绝缘靴、绝缘胶垫、安全围栏(网)、标示牌等。

(3) 使用安全工具时,需要注意下列事项:

① 安全工具要加强日常维护,防止受潮、损坏和脏污。

② 使用绝缘手套前要仔细检查,不能有破损和漏气现象。

③ 辅助安全工具不能直接接触 1kV 以上的电气设备,在高压工作使用时,需要与其他安全用具配合使用。

④ 使用验电器时应将验电器慢慢地靠近电气设备,如氖光灯发亮表示有电。验电器必须按其额定电压使用,不得将低压验电器在高压上使用,也不得将高压验电器在低压上使用。

(4) 举升设备。注意事项如下:

① 使用设备前应进行设备点检,确认无误后再进行使用。

② 使用的过程中,要注意周围的情况,发现异常要及时按下急停按钮。

③ 使用完毕后要进行确认点检。

(5) 检查调试万用表。

(二) 准备工作

(1) 设置安全隔离,并放置安全警示牌。

(2) 检查并穿戴个人安全防护用品。

(3) 检查设备工具。

(4) 检查绝缘工具。

(5) 实施车辆防护。

(6) 检查举升机。

(7) 检查蓄电池举升车。

(8) 检测绝缘垫对地绝缘性能。

(9) 检查确认车辆停放。

(10) 确认驻车制动。

(11) 起动车辆,确认车辆处于空挡。

(12) 检查仪表盘所显示的故障,填写任务单。

(13) 熄火,钥匙保持在 ON 位置。

(14) 连接故障诊断仪。

(15) 用故障诊断仪读取故障码,填写任务单。

(16) 关闭点火开关,放好车钥匙。

(三) 技术要求和注意事项

(1) 阅读谨记安全作业规程,做好安全防护工作。

(2) 正确使用设备和工具,不得违规操作。

(3) 多人协调工作,切忌单干蛮干。

(4) 遇到不合理作业要及时指出并予以制止。

(5) 发现问题及时上报。

(6) 对所使用设备进行点检,举一反三。

(7) 作业时,应注意作业环境的变化,例如湿度和温度的变化。

(8) 举升车辆前,应将举升机支撑块调整移动对正该车型规定的举升点,举升臂应尽量缩到最小长度,并调节举升胶垫以便均匀接触;支车时,四个支角应在同一平面上,调整支角胶垫高度使其接触车辆底盘支撑部位,使举升臂升至举升胶垫完全接触车辆,检查是否已牢固负载。

(四) 操作步骤

1. 断电操作级绝缘检测

(1) 断开 12V 蓄电池负极,做好负极线的相关保护措施,如图 4-2 所示。

(2) 断开 PDU 控制电路插件,设置警示标志,如图 4-3 所示。

图 4-2　断开蓄电池负极并防护

（3）在 PDU 端安装安全密封塞，如图 4-4 所示。

图 4-3　PDU 电路插件及警示标志　　　　图 4-4　密封塞

（4）升起车辆，检查动力蓄电池底板，如图 4-5 所示。

（5）拆下动力蓄电池线束板，如图 4-6 所示。

图 4-5　车辆举升与检查　　图 4-6　拆下动力蓄电池线束板

（6）检查低压控制线束插件外观，无误后拆卸低压控制线束插件，插件状况做好登记，如图 4-7 所示。

（7）检查高压线缆动力蓄电池端插件外观，拆卸高压控制线束插件，检查插件状况做好登记，如图 4-8 所示。

  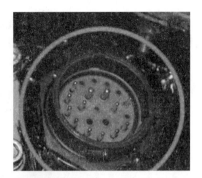

图 4-7　检查低压控制线束

图 4-8　检查高压线缆插件

(8) 测量动力蓄电池端插座母线正负输出端电压,如图 4-9 所示。

(9) 用放电工装对高压负载端进行放电,如图 4-10 所示。

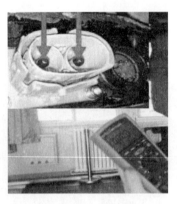 

图 4-9　测量电压　　　　　　图 4-10　放电

2. 动力蓄电池包拆卸

(1) 推入动力蓄电池举升车,调整举升车,使之托住动力蓄电池底部,拆卸蓄电池包,如图 4-11 所示。

(2) 放下动力蓄电池包,检查蓄电池包外观并进行清洁,如图 4-12 所示。

图4-11 动力蓄电池举升车

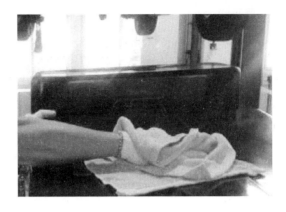
图4-12 清洁动力蓄电池包

3. 动力蓄电池包安装

(1) 将动力蓄电池移至车辆下方，使动力蓄电池两侧定位销置于车辆下方的定位孔中，安装动力蓄电池，按规定力矩拧紧，如图4-13所示。

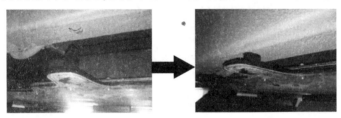

a) 右后侧定位销(微调)入位

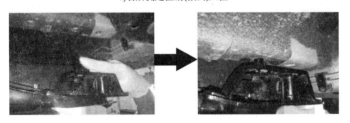

b) 左前侧定位销(微调)入位

图4-13 安装蓄电池包

(2) 安装动力蓄电池高压线缆动力蓄电池端插件。

(3) 安装低压控制线束插件。

(4) 安装电池护板，按规定力矩拧紧。

(5) 放下举升机，移出举升支臂。

(6) 取出PDU端的安全密封塞，装复PDU控制电路插件。

(7) 连接12V蓄电池负极，起动车辆进行充电认证。

(8) 进行6S工作。

三、任务测试（工作页）

1. 了解所更换动力蓄电池信息，完成以下填空

电池品牌：_____　　　　电池型号：_____

电池材料：_____　　　　输出电压：_____

输出电流：_____

2. 工具准备

常用工具：_____

基本的绝缘工具：（准备好后在方框处打勾）

☐ _____　　　　☐ _____　　　　☐ _____

☐ _____　　　　☐ _____　　　　☐ _____

辅助安全工具：（准备好后在方框处打勾）

☐ _____　　　　☐ _____　　　　☐ _____

☐ _____　　　　☐ _____　　　　☐ _____

3. 举升设备点检，完成点检表（表4-1）

设备点检表　　　　表4-1

点检项目	日　期										
保险钩正常否											
钢丝绳松紧度											
油箱内油量											
滑块磨损											
液压系统清洁											
支脚是否水平											
表面卫生											
特别事项											

注：责任人必须每天作业前进行点检工作，发现不合格规定的地方，应向车间组长汇报，组长与责任人一起做设备检查确认，当发现有不合格的地方时，要向售后老师汇报，并一起处理。

4. 现场布置确认

注意事项（至少5项）：_____

_____

_____

5.结合现场实际,制订动力蓄电池拆装实施方案

(该方案中应有小组成员的分工、角色扮演、安全注意、整体的实施计划、具体的操作步骤以及质量评价)

方案粘贴处

6.依照制订的方案,实施具体的操作,"理论指导实践,实践完善理论",边操作边改善,记录好方案的改善点

方案改善:_____

_____

_____

7.在实施过程中,哪些安全注意事项是反复强调和提醒的,或者说容易忘掉的

_____

_____

_____

8.效果评价

任务完成情况:□优　□良　□中　□差(意见或建议)_____

_____

自我总结:□优　□良　□中　□差(意见或建议)_____

_____

组长评价:□优　□良　□中　□差(意见或建议)_____

_____

客户评价:□优　□良　□中　□差(意见或建议) _____

9.完成评价表(表4-2)

评 价 表　　　　　　　　表4-2

评价项目	考核标准	完成效果				自评 25%	组评 25%	师评 50%
		优秀	良好	一般	需努力			
任务完成过程(40)	作业前后的6S管理	5	4	3	2			
	对存疑问题点有所记录,积极提问,并解决存疑的问题	5	4	3	2			
	成果报告	10	8	6	4			
	工艺卡(实施方案)	10	8	6	4			
	信息查询能力和工作页完成情况工艺	5	4	3	2			
	工具设备选用、安装方法合理/正确,能处理完成任务过程中出现的突发问题	5	4	3	2			
任务质量(30)	质量检验是否全面到位	15	12	8	4			
	电池能否正常作用	15	12	8	4			
团队协作(15)	积极参与讨论,有协作精神,为其他同学提供帮助	5	4	3	2			
	在学习中提出独特的见解,帮助本组解决学习难题	10	8	6	4			
学习情况(15)	出勤情况良好,无缺勤,无迟到、早退	5	4	3	2			
	课内外均有参与学习活动	5	4	3	2			
	遵守课堂纪律,有良好的行为习惯,无损坏设备	5	4	3	2			
	合计							

教师建议:

学习任务5　拆装混合动力汽车动力蓄电池包

 学习目标

1. 能够正确按照维修手册指引拆装动力蓄电池包;
2. 能够学会相关安全防护和急救措施;
3. 能够实施6S,进行团队合作。

 建议课时

8课时。

 任务描述

一辆行驶里程数为30000km的凯美瑞混合动力轿车,车主早上开车的时候发现"READY"灯不亮,且仪表显示"检查动力蓄电池系统",经过车间主管用解码仪读取故障码并检测相关数据流,发现动力蓄电池出现故障,需要对其进行更换,你作为一名维修人员,请按照相关的作业标准对动力蓄电池进行更换。

一、信息收集

混合动力汽车HV蓄电池总成主要包括HV蓄电池(蓄电池模块)、HV蓄电池温度传感器、HV蓄电池进气温度传感器、混合动力蓄电池接线盒总成、蓄电池冷却鼓风机总成、蓄电池智能单元(蓄电池电压传感器)和维修塞把手,如图5-1所示。

HV蓄电池采用塑料容器型单格。因此,可实现大功率密度、轻量化结构和长使用寿命。

采用蓄电池冷却鼓风机总成作为专用冷却系统,确保了HV蓄电池的正常工作,从而不受其在反复充电和放电循环过程中产生的大量热量的影响。

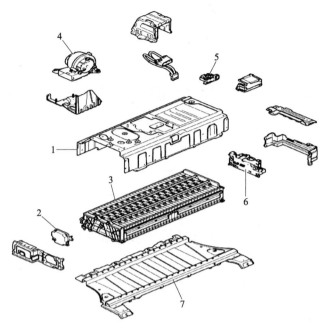

图 5-1 HV 蓄电池结构

1-HV 蓄电池上盖;2-蓄电池智能单元;3-HV 蓄电池(蓄电池模块);4-蓄电池冷却鼓风机总成;5-维修塞把手;6-混合动力蓄电池接线盒总成;7-HV 蓄电池下壳体

(一)HV 蓄电池(蓄电池模块)

HV 蓄电池包括 34 个独立的蓄电池模块,通过两个母线模块串联。每个蓄电池模块均由 6 个单格组成。HV 蓄电池共有 204 个单格(6 个单格×34 个模块),标称电压为 244.8V(1.2V×204 个单格),如图 5-2 所示。

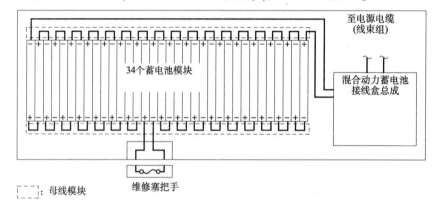

图 5-2 HV 蓄电池模块

(二)HV 蓄电池温度传感器和 HV 蓄电池进气温度传感器

HV 蓄电池总成共有 3 个 HV 蓄电池温度传感器和 1 个 HV 蓄电池进气温度传感器;其中 3 个 HV 蓄电池温度传感器安装在蓄电池模块上,另外一个 HV 蓄电池进气温度传感器安装在进气管上,如图 5-3 所示。动力管理控制 ECU 根据通过蓄电池智能单元接收的温度信息对冷却系统进行优化控制,从而使 HV 蓄电池温度处于规定范围内。

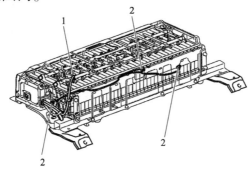

图 5-3　HV 蓄电池传感器

1-HV 蓄电池进气温度传感器;2-HV 蓄电池温度传感器

(三) HV 蓄电池接线盒总成

混合动力蓄电池接线盒总成包括系统主继电器(SMR)、预充电电阻器和蓄电池电流传感器,如图 5-4 所示。

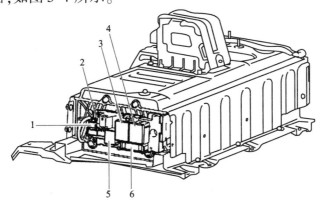

图 5-4　HV 蓄电池接线盒总成

1-蓄电池电流传感器;2-混合动力蓄电池接线盒总成;3-SMRG;4-SMRB;5-SMRP;6-预充电电阻器

SMR 是根据动力管理控制 ECU 的信号连接和断开 HV 蓄电池和电源电缆(线束组)的继电器。共配备有 3 个继电器,SMRB 用于蓄电池正极(+)侧,SMRG 用于蓄电池负极(-)侧,SMRP 则用于预充电。

内置于混合动力蓄电池接线盒总成的蓄电池电流传感器,用于检测 HV 蓄电池充电和放电电流。动力管理控制 ECU 根据通过蓄电池智能单元接收的电流信息对混合动力系统进行优化控制,从而使 HV 蓄电池的 SOC 始终处于规定范围内。HV 蓄电池电流传感器连接电路如图 5-5 所示。HV 蓄电池电流传感器检测如图 5-6 所示。

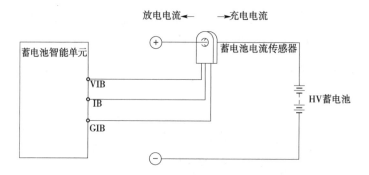

图 5-5　HV 蓄电池电流传感器连接电路

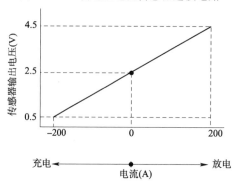

图 5-6　HV 蓄电池电流传感器检测

(四)蓄电池智能单元

蓄电池智能单元监视 HV 蓄电池的状态(如电压、电流和温度)并将该信息传输至动力管理控制 ECU,同时,检测执行冷却系统控制所需的鼓风机转速反馈频率并将其传输至动力管理控制 ECU。蓄电池智能单元内设有泄漏检测电路,以检测 HV 蓄电池或高压电路内是否出现漏电。蓄电池智能单元将这些信号转换为数字信号,并通过串行通信将其传输至动力管理控制 ECU。

二、任务实施

(一)准备工作

阅读《混合动力及纯电动车型维修安全规范》。

搭载电动力系统的混合动力及纯电动车型,整车涉及高压的部分有:整车橙色线束、动力蓄电池包、高压配电箱、车载充电器、太阳能充电器(装有时)、驱动电机控制器总成、DC 与空调驱动器总成、电动力总成、电动压缩机总成、电加热芯体 PTC、空调配电盒、漏电传感器等。为确保维修人员人身安全,避免违规操作引起安全事故,在进行高压电器维修时,请严格按以下要求及规范执行:

1. 安全防护要求

（1）维修人员必须佩戴必要的安全防护用品，如：绝缘手套、防酸碱手套、绝缘鞋、绝缘垫、防护眼镜等，其耐压等级必须大于1000V。示例如图5-7所示。

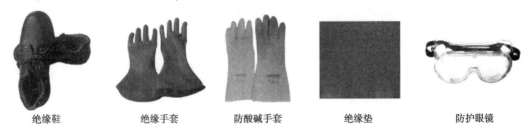

绝缘鞋　　　　绝缘手套　　　　防酸碱手套　　　　绝缘垫　　　　防护眼镜

图5-7　安全防护用品

（2）使用前必须检查绝缘手套是否有破损、破洞或裂纹等，应完好无损，确保安全。

（3）使用前必须检查绝缘手套、绝缘鞋等防护用品，不能带水进行操作，保证内外表面洁净、干燥，确保安全。

（4）绝缘手套、绝缘鞋、绝缘垫定期送当地省、市、县计量机构计量绝缘性能，计量间隔：自产品生产日期开始，每3个月一次。

（5）绝缘工具定期送当地省、市、县计量机构计量绝缘性能，计量间隔：自产品生产日期开始，每12个月一次。

（6）维修车辆时，必须设置专职监护人一名，监护人工作职责为监督维修的全过程，具体如下：

①监督维修人员组成、工具使用、防护用品佩戴、备件安全保护、维修安全警示牌等是否符合要求。

②检查紧急维修开关的接通和断开。

③负责对维修过程中的安全维修操作规程进行检查，监护人要按安全维修操作规程指挥操作，维修人员在做完一个操作后要告知监护人，监护人要在作业流程单上做标记。

④监护人要认真负起责任，确保维修过程的安全，避免发生安全责任事故。

⑤监护人及维修人员必须具备国家认可的《特种作业操作证（电工）》与《初级（含）以上电工证》（职业资格证书），严禁无证进行维修操作。

⑥监护人及维修人员必须经过汽车生产厂家混合动力及纯电动车型新车型培训，并通过考核。

（7）严禁未经培训的人员进行高压部分检修，禁止一切带有侥幸心理的危险操作,避免发生安全事故。

2. 安全维修操作规范

(1)高压部件识别:

①整车橙色线束均为高压线。

②动力蓄电池包连至电源管理器的红色电压采样线束。

③高压零部件:动力蓄电池包、高压配电箱、车载充电器、太阳能充电器(装有时)、驱动电机控制器总成、DC与空调驱动器总成、电动力总成、电动压缩机总成、电加热芯体PTC、空调配电盒、漏电传感器等。

(2)检修高压系统时,点火开关必须处于OFF挡(若为智能钥匙系统,车辆须不在智能钥匙感应范围内,并且车辆处于非充电状态),并拔下紧急维修开关。紧急维修开关拔下后,由专职监护人员保管,并确保在维修过程中不会有人将其插到高压系统上。

①断开紧急维修开关只是切断了高压用电设备的电源,并不能切断动力蓄电池包的电源。

②当需要维修或更换高压配电箱时,应小心拔出连接动力电池包的电缆正、负极高压接插件,使用绝缘胶带包好裸露出的桩头,避免触电。

(3)在断开紧急维修开关5min后,检修高压系统前应使用万用表测量整车高压回路,确保无电。

①确定方法:拔下紧急维修开关手柄后,测量动力蓄电池包正极和车身之间的电压来初步判断是否漏电,若检测到电压大于等于50V,应立即停止操作,按《动力蓄电池包漏电检测作业指导书》检查。

②使用万用表测量高压时,需注意选择正确量程,检测用的万用表精度不低于0.5级,要求具有直流电压测量挡位,量程范围大于或等于1000V,并遵守"单手操作"原则。

③所使用的万用表一根表笔线上配备绝缘鳄鱼夹(要求耐压为3kV,过电流能力大于5A),测量时先把鳄鱼夹夹到电路的一个端子,然后用另一只表笔接到需测量端子测量读数。每次测量时只能用一只手握住表笔;测量过程中,严禁触摸表笔金属部分。

(4)调试高、低压系统注意事项:

①调试低压前必须断开紧急维修开关。

②调试高压时,必须由专职监护人指挥装配紧急维修开关。

③调试高压必须在低压调试好的前提下调试,便于判断动力蓄电池包是否漏电,如有漏电情况应及时检查,不能进行高压调试。

(5)拆装动力蓄电池包总成时,首先把高压配电箱连接高压线束插接件用绝缘胶带缠好,拆装过程不要损坏线束,以免发生触电危险。

(6)检修或更换高压线束、油管等经过车身钣金孔的部件时,需注意检查与车身钣金的防护是否正常,避免线束、油管磨损。

3. 安全维修注意事项

(1)在维修作业前请采用安全隔离措施(使用警戒栏隔离),并树立高压警示牌,以警示相关人员,避免发生安全事故,如图5-8所示。

图5-8　高压安全警示

(2)在维修高压部分过程前,请将车身用搭铁线连接到混合动力及纯电动车型专用维修工位的接地线上。

(3)在检修有电解液泄漏的动力蓄电池包时,需佩戴防护眼镜,以防止电解液溅入眼中。

(4)在车辆上电前,注意确认是否还有人员在进行高压维修操作,避免发生危险。

(5)检修高压线束时,对拆下的任何高压配线应立刻用绝缘胶带包扎绝缘。

(6)钣金维修时,必须采用干磨工艺,严禁采用水磨工艺。

(7)整车进入烤漆房进行烘烤工艺时,必须将动力蓄电池包与整车分离。

注意:高压线束装配时,必须按照车身固定孔位要求将线束固定好。

(8)不能用手指触摸高压线束插接件里的带电部分以免触电,另外应防止有细小的金属工具或铁条等接触到接插件中的带电部分。

(9)若发生异常事故和火灾时,操作人员应立即切断高压回路,其他人员立即使用灭火器扑救,使用干粉灭火器,严禁用水剂灭火器。

(10)当发生电池漏电解液,切勿用手触摸,稀释电解液需用葡萄糖软膏进行稀释,不可用水稀释。

（11）对于空调制冷剂和冷冻油的回收、加注须用单独的专用设备进行,不能与燃油车型制冷剂加注及回收设备混用,避免对车辆空调系统及环境造成危害。

（12）对于事故车处理要严格按照《关于混合动力及纯电动车型事故车辆存放规范》执行。

（13）对新能源车辆维修必须要有相应的备件储备,避免高压部件损坏无维修备件导致风险。

（14）维修安全操作的规范,请各服务店严格遵照执行,避免发生安全事故！阅读《升降机安全操作规程》。

（1）使用前应清除举升机附近妨碍作业的器具及杂物,并检查操作手柄是否正常。

（2）操作机构灵敏有效,液压系统不允许有爬行现象。

（3）待举升车辆驶入后,应将举升机支撑块调整移动对正该车型规定的举升点,举升臂应尽量缩到最小长度,并调节举升胶垫以便均匀接触。

（4）支车时,四个支角应在同一平面上,调整支角胶垫高度使其接触车辆底盘支撑部位,使举升臂升至举升胶垫完全接触车辆,检查是否已牢固负载。

（5）举升时人员应离开车辆,缓慢将车辆从地面升起确保平衡负载,再举升至所需工作高度。

（6）放开上升按钮,将车辆降低至安全保险位置,即可进行维修工作。

（7）放下车辆前应先举升车辆,将安全保险拉开,再按下降手柄使车辆缓慢下降至举升臂放至最低为止,移开举升臂,驶出车辆。

（8）举升器不得频繁起落。

（9）有人作业时严禁升降举升机。

（10）发现操作机构不灵,电机不同步,托架不平或液压部分漏油,应及时报修,不得带故障操作。

（11）作业完毕应清除杂物,打扫举升机周围以保持场地整洁。

（12）除维护及小修项目外,其他烦琐笨重作业,不得在举升机上操作。

（13）定期排除举升机油缸积水,并检查油量,油量不足应及时加注相同牌号的液压油。应坚持每天检查举升机各传动机构、链条、钢丝绳、锁止装置、各部位润滑及工作情况。

(二)技术要求与注意事项

1. 检查混合动力控制系统

(1)检查高压系统或断开带转换器的逆变器总成的低压连接器前,采取安全措施,如佩戴绝缘手套并拆下维修塞把手以防电击。拆下维修塞把手后,将其放到口袋中,防止其他技师在您进行高压系统作业时将其意外重新连接,如图5-9所示。

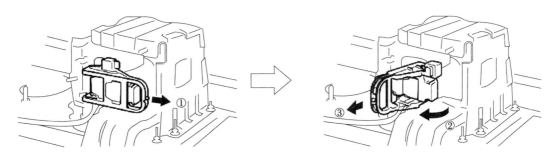

图5-9 断开维修塞

备注:

①将电源开关转到OFF后,从辅助蓄电池负极(−)端子上断开电缆前需要等待时间。因此,开始工作前,确保阅读从辅助蓄电池负极(−)端子上断开电缆的注意事项。

②拆下维修塞把手后,将电源开关转到ON(READY)可能会导致故障。除非修理手册规定,否则不要将电源开关转到ON(READY)。

(2)断开维修塞把手后,在触摸任何高压插接器或端子前,等待至少10min。

提示:使带转换器的逆变器总成内的高压电容器放电至少需要等待10min。

(3)检查带转换器的逆变器总成检查点的端子电压。

注意:务必佩戴绝缘手套。

①拆下两个螺栓和逆变器盖,如图5-10所示。

备注:插接器连接到盖的底部时,确保垂直向上拉连接器盖总成;拆下插接器盖后用非残留性胶带覆盖开口以防异物或液体进入。

②根据表5-1的值测量电压。

标准电压:

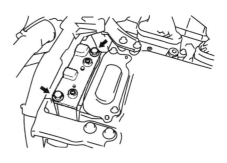

图5-10 拆下螺栓和逆变器盖

测量电压值 表5-1

检测仪连接	规定状态
检查点	0V

提示:将检测仪设定为直流750V或更高以测量电压。

(4)在触摸高压系统的任何橙色线束前,将电源开关转到OFF,佩戴绝缘手套,并从辅助蓄电池负极端子上断开电缆。

备注:将电源开关转到OFF后,从辅助蓄电池负极端子上断开电缆前需要等待时间。因此,开始工作前,确保阅读从辅助蓄电池负极端子上断开电缆的注意事项。

(5)执行任何电阻检查前,将电源开关转到OFF。

(6)断开或重新连接任何插接器前,将电源开关转到OFF。

(7)进行操作时如果涉及高压线束,则使用缠有乙烯绝缘胶带的工具或绝缘工具。

(8)拆下高压插接器时,用绝缘胶带缠住插接器以防止其接触异物。

2. 弃置HV蓄电池

弃置HV蓄电池时,确保由能对其进行安全处理的授权收集商将其回收。如果HV蓄电池通过制造商指定的途径回收,则可通过授权的收集商以安全的方式正确回收。

注意:

(1)如果HV蓄电池弃置不当或随意丢弃,则可能会导致电击等事故。因此,应确保通过授权的收集商回收所有HV蓄电池。

(2)拆下HV蓄电池后,使其远离水。接触水可能会导致HV蓄电池产生热量,从而导致火灾。

3. 断开辅助蓄电池负极电缆并重新连接

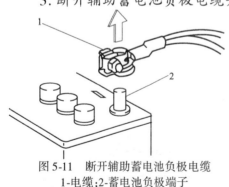

图5-11 断开辅助蓄电池负极电缆
1-电缆;2-蓄电池负极端子

(1)对电子组件进行操作前,从辅助蓄电池负极端子上断开电缆以防损坏电气系统或电气组件,见图5-11。

(2)断开并重新连接辅助蓄电池电缆前,将电源开关转到OFF并关闭前照灯开关。然后完全松开端子螺母。不要损坏电缆或端子。

(3)断开辅助蓄电池电缆时,时钟和收音机的设定以及存储的DTC被清除。因此,断开辅助蓄电池电缆前,将其记录。

备注:

①将电源开关转到OFF后,从辅助蓄电池负极端子上断开电缆前需要等待时间。因此,开始工作前,确保阅读从辅助蓄电池负极端子上断开电缆的注意事项。

②从辅助蓄电池负极端子上断开电缆后并重新连接时,以下系统需要初始化。

(三)操作步骤

1. 拆卸步骤

注意:佩戴绝缘手套。

(1)断开4个夹箍和线束,如图5-12所示。

(2)从HV蓄电池上拆下6个螺栓,如图5-13所示。

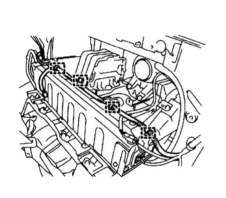

图5-12 断开HV蓄电池外部夹箍和线束　　图5-13 拆下HV蓄电池外壳螺栓

(3)倒置安装行李舱地板垫,如图5-14所示。

(4)切割并形成纸板,使其符合HV蓄电池螺栓接合位置之间的区域,然后按图5-15所示将其插入。

(5)使用拆装轮胎用撬杠支撑住HV蓄电池,尽力塞入纸板,直至无法继续操作。

备注:用绝缘胶带固定4号地板导线,以防止在拆卸HV蓄电池或其他部件时将其缠绕。

提示:在HV蓄电池的底部和边缘缠上胶带,以保护工具和车身。

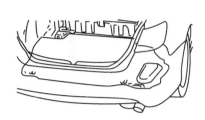

图 5-14 倒置安装行李舱地板垫

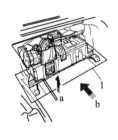 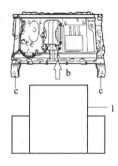

图 5-15 切割并形成纸板

1-纸板；a-向上支撑；b-插入；c-HV 蓄电池螺栓接合位置

(6)将纸板和 HV 蓄电池一起拉到行李舱的中间,如图 5-16 所示。

备注:使用纸板或其他相似材料,以防止 HV 蓄电池和车身受损。

(7)拆下两个螺母和 2 号混合动力车辆蓄电池盖上支架,如图 5-17 所示。

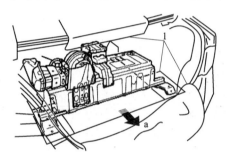 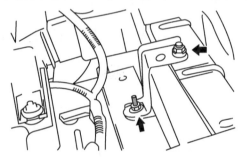

图 5-16 正确放置纸板　　　　　　　图 5-17 拆卸蓄电池盖上支架

1-纸板；a-向外拉

(8)拆下卡扣,如图 5-18 所示。

(9)脱开 3 个定位爪并拆下混合动力蓄电池 2 号进气管,如图 5-19 所示。

 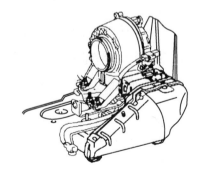

图 5-18 拆下卡扣　　　　　　　　图 5-19 拆卸 HV 蓄电池 2 号进气管

(10)从蓄电池冷却鼓风机总成上断开连接器和夹箍,如图 5-20 所示。

(11)拆下 3 个螺母和蓄电池冷却鼓风机总成,如图 5-21 所示。

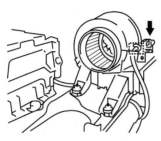
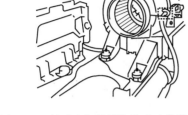

图 5-20 断开冷却鼓风机总成连接器和夹箍　　图 5-21 拆卸 HV 蓄电池冷却鼓风机总成

备注：确保不要触摸蓄电池冷却鼓风机总成的风扇部位。不要使用线束提起蓄电池冷却鼓风机总成。

（12）拆下两个螺栓、螺母和混合动力车辆蓄电池 2 号上托架支架，如图 5-22 所示。

（13）拆下两个螺母和混合动力车辆蓄电池 3 号上托架支架，如图 5-23 所示。

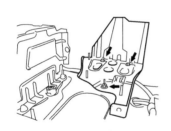
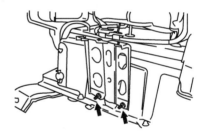

图 5-22 拆卸 HV 蓄电池 2 号上托架支架　　图 5-23 拆卸 HV 蓄电池 3 号上托架支架

（14）拆下两个卡扣，如图 5-24 所示。

（15）将纸板和 HV 蓄电池一起转动 180°，如图 5-25 所示。

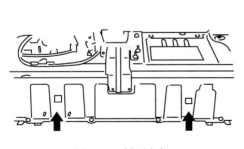
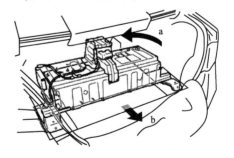

图 5-24 拆下卡扣　　图 5-25 正确转动 HV 蓄电池

a-转动 180°；b-拉向车辆后部

（16）将 HV 蓄电池与纸板一起拉向车辆后部。

(17)使用合适的配接器(如绳子),在 HV 蓄电池倾斜时将其拆下,如图 5-26 所示。

备注:从车辆上降下 HV 蓄电池时,不要使其接触车辆。

(18)拆卸 2 号混合动力车辆蓄电池保护板。

注意:佩戴绝缘手套。

①使用维修塞把手,拆下蓄电池盖锁扣,如图 5-27 所示。

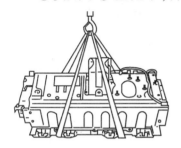

图 5-26 拆下 HV 蓄电池

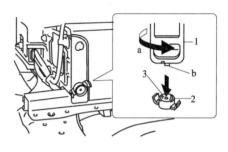

图 5-27 拆下 HV 蓄电池盖锁扣

1-维修塞把手;2-蓄电池盖锁扣;3-按钮;a-转动;b-凸出部分

提示:插入维修塞把手的凸出部分,逆时针转动蓄电池盖锁扣上的按钮,并解除锁止。

②断开插接器。

③拆下两个螺栓、螺母和 2 号混合动力车辆蓄电池保护板,如图 5-28 所示。

④断开 3 个线束夹箍,如图 5-29 所示。

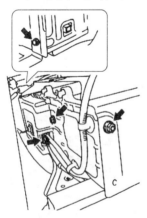

图 5-28 拆下 HV 蓄电池保护板

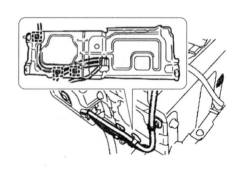

图 5-29 断开线束夹箍

(19)拆卸蓄电池智能单元。

(20)拆卸 1 号混合动力蓄电池护罩分总成。

注意:佩戴绝缘手套。

拆下螺栓、3个螺母和1号混合动力蓄电池护罩分总成,如图5-30所示。

(21)拆卸混合动力蓄电池接线盒总成。

(22)分离2号混合动力蓄电池组包线。

注意:佩戴绝缘手套。

断开插接器和5个夹箍,并拆下2号混合动力蓄电池组包线,如图5-31所示。

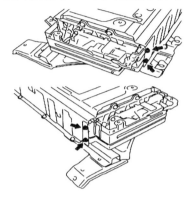
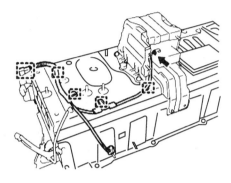

图5-30 拆下HV蓄电池护罩分总成　　图5-31 拆下2号HV蓄电池组包线

2. 蓄电池安装步骤

(1)安装2号混合动力蓄电池组包线。

注意:佩戴绝缘手套。

连接插接器和5个夹箍,并安装2号混合动力蓄电池组包线。

(2)安装混合动力蓄电池接线盒总成。

(3)安装1号混合动力蓄电池护罩分总成。

注意:佩戴绝缘手套。

用螺栓和3个螺母安装1号混合动力蓄电池护罩分总成。

扭矩:7.5N·m。

(4)安装蓄电池智能单元。

(5)安装2号混合动力车辆蓄电池保护板。

注意:佩戴绝缘手套。

①用两个螺栓和螺母安装2号混合动力车辆蓄电池保护板。

扭矩:7.5N·m。

②连接3个线束夹箍。

③连接插接器。

④安装蓄电池盖锁扣,然后按下按钮将其锁止,如图5-32所示。

⑤用新的HV蓄电池更换时:拆下4个密封塞,如图5-33所示。

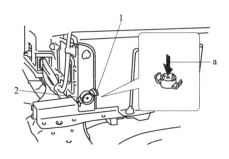 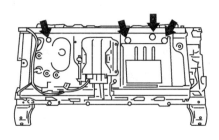

图 5-32　安装 HV 蓄电池盖锁扣　　　　　图 5-33　拆下密封塞

1-蓄电池盖锁扣；2-按钮；a-按下

(6) 安装 HV 蓄电池。

注意：佩戴绝缘手套。

①将纸板放到行李舱中。

②使用合适的配接器（如绳子），以与拆卸过程中其朝向的相同方向将 HV 蓄电池安装到车辆上，如图 5-34 所示。

备注：使用纸板或其他相似材料，以防止 HV 蓄电池和车身受损。

③将纸板和 HV 蓄电池一起推到行李舱的中间。

④将纸板和 HV 蓄电池一起转动 180°。

⑤用两个螺母安装混合动力车辆蓄电池 3 号上托架支架。

扭矩：7.5N·m。

⑥用两个螺栓和螺母安装混合动力车辆蓄电池 2 号上托架支架。

扭矩：7.5N·m。

⑦用 3 个螺母安装蓄电池冷却鼓风机总成，如图 5-35 所示。

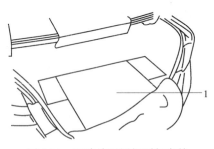 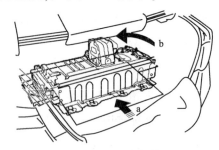

图 5-34　正确放置纸板到行李舱　　　　图 5-35　安装蓄电池冷却鼓风机总成

1-纸板　　　　　　　　　　　　a-推；b-转动 180°

扭矩：7.5N·m。

备注：确保不要触摸蓄电池冷却鼓风机总成的风扇部位。

不要使用线束提起蓄电池冷却鼓风机总成。

⑧连接插接器和夹箍。

⑨接合3个定位爪以安装混合动力蓄电池2号进气管。

备注:确保进气管牢固安装。

⑩安装卡扣。

⑪用两个螺母安装2号混合动力车辆蓄电池盖上支架。

扭矩:7.5N·m。

⑫安装两个卡扣。

⑬将HV蓄电池与纸板一起推向车辆前部,如图5-36所示。

备注:将孔与HV蓄电池固定螺栓对准。

⑭使用拆装轮胎用撬杠支撑住HV蓄电池,并拉出纸板,如图5-37所示。

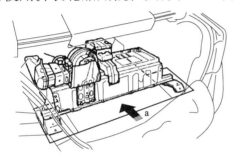 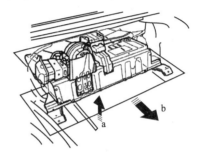

图5-36　正确放置HV蓄电池　　图5-37　正确拉出纸板
　　　　a-向前推　　　　　　　　a-向上支撑;b-拉出

⑮拆下行李舱地板垫。

⑯用6个螺栓安装HV蓄电池。

扭矩:19N·m。

提示:将接地螺栓安装到图5-38所示位置。

⑰用4个夹箍连接线束。

(7)连接低压插接器。

①连接3个插接器和夹箍。

②连接4号地板导线。

③安装4号混合动力蓄电池保护板。

④安装混合动力蓄电池1号进气管。

⑤安装辅助蓄电池。

⑥安装后座椅侧饰件(左)。

⑦安装后门框饰边密封条(左)。

⑧安装后门迎宾踏板(左)。

⑨安装行李舱后装饰板盖。

图5-38　连接线束
1-接地螺栓

⑩安装后座椅倾斜调节器总成(左)。

⑪安装后座椅倾斜调节器总成(右)。

⑫安装后座椅总成。

⑬安装行李舱内饰盖(左)。

⑭安装行李舱内饰盖(右)。

⑮安装行李舱1号装饰钩。

⑯安装后地板饰板。

⑰安装维修塞把手。

三、任务测试(工作页)

1.凯美瑞HV蓄电池拆卸作业

(1)注意事项。

操作提示如图5-39和表5-2所示。

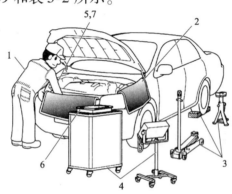

图5-39 凯美瑞HV蓄电池拆卸作业

凯美瑞HV蓄电池拆卸作业步骤　　　　表5-2

序号	步　骤	内　　　容
1	着装	务必穿着干净的制服
		必须穿戴＿＿＿＿和＿＿＿＿
2	车辆保护	操作开始前,准备中网护垫、翼子板保护罩、座椅罩和地板垫
3	安全步骤	＿＿＿＿名或＿＿＿＿名以上人员一起工作时,必须互相检查安全性
		发动机运转状态下工作时,车间内必须有＿＿＿＿装置
		如果在高温高压环境下工作,或对旋转、移动或振动的部件进行操作,须＿＿＿＿,并谨防伤害自己或他人
		顶起车辆时,必须用＿＿＿＿支撑起指定部位
		使用适当的安全设备举升车辆

续上表

序号	步骤	内容
4	准备工具和测量设备	开始作业前,准备好工具支架、SST、测量设备、油液和用于更换的部件
5	拆卸和安装、拆解和装配操作	在充分理解_____和_____后进行诊断
		拆下任一部件前,检查总成的总体情况,是否_____时,须做好记录。例如,记录拆下来的电气插接器、螺栓或软管的总数。添加装配标记以确保将各组件重新装配至原位。如有需要,可暂时标记软管及其接头
		有需要,应_____部件,_____后进行装配
6	拆下的部件	将_____部件放置在分开的盒子中,避免和新部件混淆,或污染新部件
		对于如_____、_____和_____等不可重复使用的部件,应按照本手册的说明用新的进行更换
		如有要求,应保留拆下的部件以备客户检查
7	工作完成后执行检查	确保正确安装并_____拆下和安装的部件(机油加注口盖、油位计、地板垫等)
		确保_____未遗留在发动机室或车内
		检查并确认没有机油泄漏

注意事项:必须正确执行这些检查,工作完成后未正确执行这些检查将导致严重的事故或伤害。

(2)检查 DTC。

备注:拆卸或安装蓄电池前,确认没有输出 P0AA6(_____)。如果输出该 DTC,则首先对该 DTC 执行故障排除。

(3)拆卸维修塞把手。

检查高压系统或断开带转换器的逆变器总成的低压插接器前,采取安全措施,如佩戴_____并拆下维修塞把手以防电击。拆下维修塞把手后,将其放到_____,防止其他技师在您进行高压系统作业时将其意外重新连接。

拆下维修塞把手后,在触摸任何高压连接器或端子前,至少等待_____ min。等待_____ min 后,检查带转换器的逆变器总成检查点的端子电压。开始工作前的电压应为_____V。

(4)拆卸后地板饰板。

(5)拆卸行李舱1号装饰钩。

(6)拆卸行李舱内饰盖(左)。

(7)拆卸行李舱内饰盖(右)。

(8) 拆卸_____。

(9) 拆卸_____总成。

(10) 检查端子_____。

(11) 安装插接器盖总成。

(12) 拆卸_____总成。

(13) 拆卸后座椅倾斜调节器总成(左)。

(14) 拆卸后座椅倾斜调节器总成(右)。

(15) 拆下_____个卡扣和行李舱后装饰板盖,如图5-40所示。

(16) 拆卸后门迎宾踏板(左)。

(17) 拆卸后门框饰边密封条(左)。

(18) 拆卸后座椅侧饰件(左)。

(19) 拆卸混合动力蓄电池1号进气管。

(20) 拆卸4号混合动力蓄电池保护板。

(21) 断开4号地板导线。

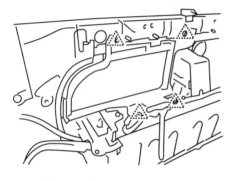

图5-40 拆下行李舱后装饰板盖

(22) 断开低压插接器。

①断开_____和_____,如图5-41所示。

②断开_____个插接器,如图5-42所示。

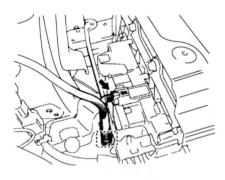

图5-41 断开螺栓

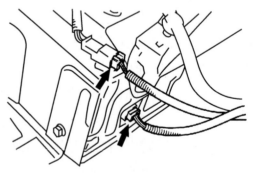

图5-42 断开插接器

(23) 拆卸。

注意:佩戴_____。

①断开_____个夹箍和线束(图5-43)。

②从HV蓄电池上拆下_____个螺栓(图5-44)。

③_____安装行李舱地板垫(图5-45)。

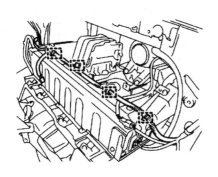

图 5-43　断开 HV 蓄电池外部夹箍和线束

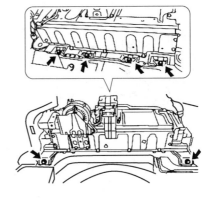

图 5-44　拆下 HV 蓄电池外壳螺栓

④切割形成纸板，使其符合 HV 蓄电池螺栓接合位置之间的区域，然后如图 5-46 所示将其插入。

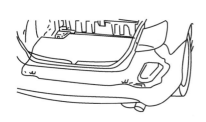

图 5-45　倒置安装行李舱地板垫

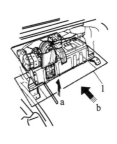
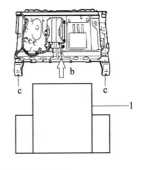

图 5-46　切割并形成纸板

1-纸板；a-向上支撑；b-插入；c-HV 蓄电池螺栓接合位置

⑤使用拆装轮胎用撬杠支撑住 HV 蓄电池，尽力塞入纸板，直至_____。

备注：用_____固定 4 号地板导线，以防止在拆卸 HV 蓄电池或其他部件时将其缠绕。

提示：在 HV 蓄电池的底部和边缘缠上胶带，以保护工具和车身。

⑥将纸板和 HV 蓄电池一起拉到行李舱的中间，如图 5-47 所示。

备注：使用_____，以防止 HV 蓄电池和车身受损。

⑦拆下_____个螺母和 2 号混合动力车辆蓄电池盖上支架（图 5-48）。

⑧拆下卡扣（图 5-49）。

⑨脱开_____个定位爪并拆下混合动力蓄电池 2 号进气管（图 5-50）。

⑩从蓄电池冷却鼓风机总成上断开_____和_____（图 5-51）。

⑪拆下_____个螺母和蓄电池冷却鼓风机总成（图 5-52）。

备注：确保不要_____蓄电池冷却鼓风机总成的风扇部位。不要使用_____提起蓄电池冷却鼓风机总成。

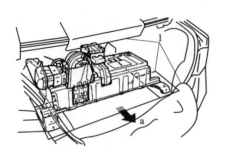

图 5-47　正确放置纸板

1—纸板；a—拉

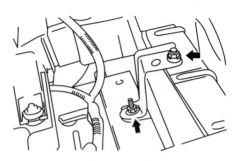

图 5-48　拆卸蓄电池盖上支架

图 5-49　拆下卡扣

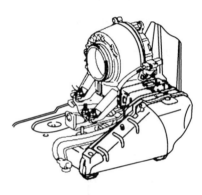

图 5-50　拆卸 HV 蓄电池 2 号进气管

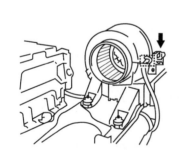

图 5-51　断开冷却鼓风机总成插接器和夹箍

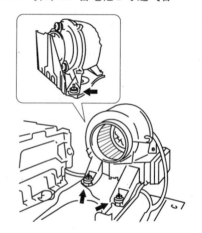

图 5-52　拆卸 HV 蓄电池冷却鼓风机总成

⑫拆下＿＿＿＿＿＿＿个螺栓、螺母和混合动力车辆蓄电池 2 号上托架支架（图 5-53）。

⑬拆下＿＿＿＿＿＿＿个螺母和混合动力车辆蓄电池 3 号上托架支架（图 5-54）。

⑭拆下＿＿＿＿＿＿＿个卡扣（图 5-55）。

⑮将纸板和 HV 蓄电池一起转动＿＿＿＿＿＿＿。

⑯将＿＿＿＿＿＿＿与纸板一起拉向车辆后部（图 5-56）。

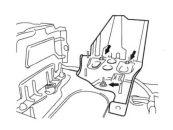

图 5-53　拆卸 HV 蓄电池 2 号上托架支架

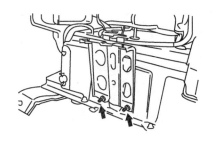

图 5-54　拆卸 HV 蓄电池 3 号上托架支架

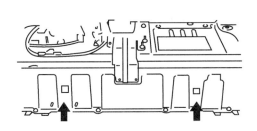

图 5-55　拆下卡扣

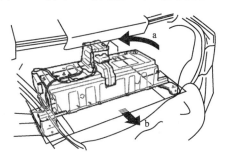

图 5-56　正确转动 HV 蓄电池

a-转动 180°；b-拉

⑰使用合适的配接器(如绳子)，在 HV 蓄电池倾斜时将其拆下(图 5-57)。

备注：从车辆上降下 HV 蓄电池时，不要_____车辆。

(24)拆卸 2 号混合动力车辆蓄电池保护板。

注意：佩戴_____。

①使用_____，拆下蓄电池盖锁扣(图 5-58)。

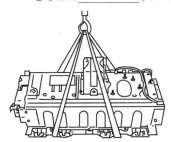

图 5-57　拆下 HV 蓄电池

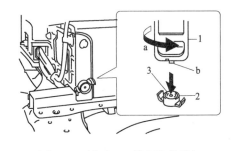

图 5-58　拆下 HV 蓄电池盖锁扣

1-维修塞把手；2-蓄电池盖锁扣；3-按钮；a-转动；b-凸出部分

提示：插入_____的凸出部分，逆时针转动蓄电池盖锁扣上的按钮，并解除锁止。

②断开插接器。

③拆下_____个螺栓、螺母和 2 号混合动力车辆蓄电池保护板(图 5-59)。

④断开 3 个_____(图 5-60)。

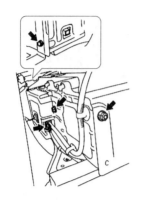

图 5-59　拆下 HV 蓄电池保护板

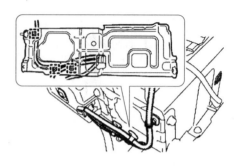

图 5-60　断开线束夹箍

(25) 拆卸蓄电池智能单元。

(26) 拆卸 1 号混合动力蓄电池护罩分总成。

注意：佩戴_____。

拆下螺栓、3 个螺母和 1 号混合动力蓄电池护罩分总成（图 5-61）。

(27) 拆卸混合动力蓄电池接线盒总成。

(28) 分离 2 号混合动力蓄电池组包线。

注意：佩戴绝缘手套。

断开插接器和 5 个_____，并拆下 2 号混合动力蓄电池组包线（图 5-62）。

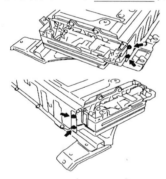

图 5-61　拆下 HV 蓄电池护罩分总成

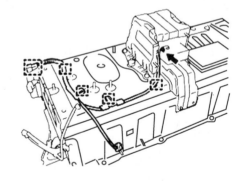

图 5-62　拆下 2 号 HV 蓄电池组包线

2. 凯美瑞 HV 蓄电池安装作业

(1) 安装 2 号混合动力蓄电池组包线。

注意：佩戴_____。

连接插接器和 5 个_____，并安装 2 号混合动力蓄电池组包线。

(2) 安装混合动力蓄电池接线盒总成。

(3) 安装 1 号混合动力蓄电池护罩分总成。

注意：佩戴_____。

用螺栓和 3 个螺母安装 1 号混合动力蓄电池护罩分总成。

扭矩:7.5N·m。

(4)安装蓄电池智能单元。

(5)安装 2 号混合动力车辆蓄电池保护板。

注意:佩戴_____。

①用两个螺栓和螺母安装 2 号混合动力车辆蓄电池保护板。

扭矩:7.5N·m。

②连接 3 个_____。

③连接插接器。

④安装蓄电池盖锁扣,然后按下按钮将其锁止(图 5-63)。

⑤用新的 HV 蓄电池更换时:拆下 4 个_____(图 5-64)。

图 5-63 安装 HV 蓄电池盖锁扣

1-蓄电池盖锁扣;2-按钮;a-按下

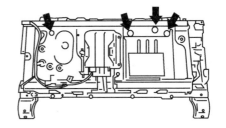

图 5-64 拆下密封塞

(6)安装 HV 蓄电池。

注意:佩戴_____。

①将纸板放到行李舱中(图 5-65)。

②使用合适的配接器(如绳子),以与拆卸过程中其朝向的相同方向将 HV 蓄电池安装到车辆上。

备注:使用纸板或其他相似材料,以防止 HV 蓄电池和车身受损。

③将纸板和 HV 蓄电池一起推到行李舱的中间。

④将纸板和 HV 蓄电池一起转动_____。

⑤用_____个螺母安装混合动力车辆蓄电池 3 号上托架支架。

扭矩:7.5N·m。

⑥用_____个螺栓和螺母安装混合动力车辆蓄电池 2 号上托架支架。

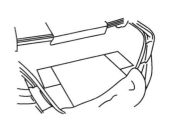

图 5-65 正确放置纸板到行李舱

扭矩:7.5N·m。

⑦用_____个螺母安装蓄电池冷却鼓风机总成(图5-66)。

扭矩:7.5N·m。

备注:确保不要_____蓄电池冷却鼓风机总成的风扇部位。不要使用_____提起蓄电池冷却鼓风机总成。

⑧连接插接器和夹箍。

⑨接合3个_____以安装混合动力蓄电池2号进气管。

备注:确保_____牢固安装。

⑩安装卡扣。

⑪用两个螺母安装2号混合动力车辆蓄电池盖上支架。

扭矩:7.5N·m。

⑫安装两个_____。

⑬将HV蓄电池与纸板一起推向车辆前部(图5-67)。

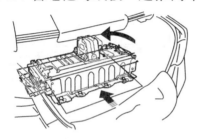　　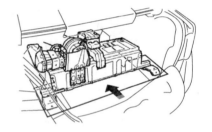

图5-66　安装蓄电池冷却鼓风机总成　　图5-67　正确放置HV蓄电池

备注:将孔与_____固定螺栓对准。

⑭使用拆装轮胎用撬杠支撑住_____,并拉出纸板(图5-68)。

⑮拆下行李舱地板垫。

⑯用6个螺栓安装HV蓄电池。

扭矩:19N·m。

提示:将接地螺栓安装到图5-69位置。

⑰用4个_____连接线束。

(7)连接低压插接器。

连接3个_____和夹箍。

(8)连接4号地板导线。

(9)安装4号混合动力蓄电池保护板。

(10)安装混合动力蓄电池1号进气管。

学习任务5 拆装混合动力汽车动力蓄电池包

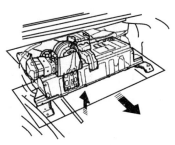

图 5-68 正确拉出纸板

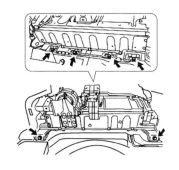

图 5-69 连接线束

(11)安装辅助蓄电池。

(12)安装后座椅侧饰件(左)。

(13)安装后门框饰边密封条(左)。

(14)安装后门迎宾踏板(左)。

(15)安装行李舱后装饰板盖。

(16)安装后座椅倾斜调节器总成(左)。

(17)安装后座椅倾斜调节器总成(右)。

(18)安装后座椅总成。

(19)安装行李舱内饰盖(左)。

(20)安装行李舱内饰盖(右)。

(21)安装行李舱1号装饰钩。

(22)安装后地板饰板。

(23)安装维修塞把手。

3.完成评价表(表5-3)

评 价 表　　　　　表5-3

评价项目	考核标准	完成效果				自评 25%	组评 25%	师评 50%
		优秀	良好	一般	需努力			
任务完成过程(40)	作业前后的6S管理	5	4	3	2			
	对存疑问题点有所记录,积极提问,并解决存疑的问题	5	4	3	2			
	成果报告	10	8	6	4			
	工艺卡(实施方案)	10	8	6	4			
	信息查询能力和工作页完成情况工艺	5	4	3	2			
	工具设备选用、安装方法合理/正确,能处理完成任务过程中出现的突发问题	5	4	3	2			

续上表

评价项目	考核标准	完成效果				自评 25%	组评 25%	师评 50%
		优秀	良好	一般	需努力			
任务质量 (30)	质量检验是否全面到位	15	12	8	4			
	电池能否正常作用	15	12	8	4			
团队协作 (15)	积极参与讨论,有协作精神,为其他同学提供帮助	5	4	3	2			
	在学习中提出独特的见解,帮助本组解决学习难题	10	8	6	4			
学习情况 (15)	出勤情况良好,无缺勤,无迟到、早退	5	4	3	2			
	课内外均有参与学习活动	5	4	3	2			
	遵守课堂纪律,有良好的行为习惯,无损坏设备	5	4	3	2			
合计								

教师建议:

学习任务6　检测纯电动汽车动力蓄电池故障

学习目标

1. 能掌握比亚迪 e5 动力蓄电池性能测试；
2. 能判断比亚迪 e5 动力蓄电池包的单体蓄电池性能好坏。

建议课时

8 课时。

任务描述

一辆行驶里程数约为 30000km 的比亚迪 e5 轿车，车主早上开车的时候发现"OK"灯不亮，且仪表显示"检查动力蓄电池系统"，经过车间主管用解码仪读取故障码并检测相关数据流，发现动力蓄电池包的第 10 组蓄电池模块中的某一个单体蓄电池出现电压异常。已把动力蓄电池包拆下来，找到第 10 组蓄电池模块，现要求检测第 10 组动力蓄电池模块的各单体蓄电池性能，找出有故障的单体蓄电池。

一、信息收集

（一）动力蓄电池包

比亚迪 e5 的动力蓄电池包为磷酸铁锂蓄电池，由 13 个蓄电池组 192 个单体蓄电池串联，13 个蓄电池信息采集器（BIC）；两个分压接触器、1 个正极接触器、1 个负极接触器、采样线束、电池模组连接片和链接电缆等。比亚迪 e5 动力蓄电池包的参数见表 6-1。

比亚迪 e5 动力蓄电池包参数　　　　　　　　　　表 6-1

磷酸铁锂蓄电池	参　　数
电池包容量	75A·h
额定电压	633.6V（以实车为准）

续上表

磷酸铁锂蓄电池	参　　数
储存温度	$-40\sim40℃$,短期储存(3个月)$20\%\leqslant SOC\leqslant40\%$ $-20\sim35℃$,长期储存(<1年)$30\%\leqslant SOC\leqslant40\%$
质量	$\leqslant490$kg

(二)动力蓄电池包结构

蓄电池包外结构:密封盖板、钢板压条、密封条、电池托盘,如图6-1所示。

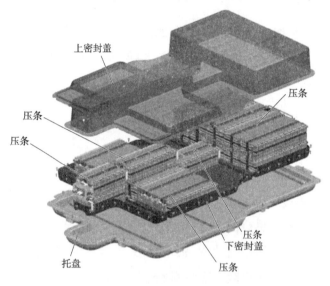

图6-1　动力蓄电池包结构

蓄电池包内部结构:蓄电池模块、动力连接片、连接电缆、采集器、采样线、蓄电池组固定压条、密封条,如图6-2所示。

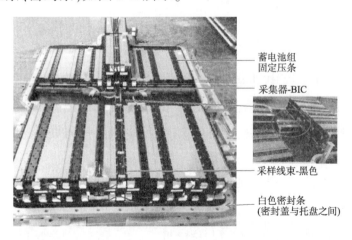

图6-2　动力蓄电池包内部结构

(三)蓄电池组连接方式

蓄电池组由 13 个模块串联组成。动力蓄电池包内部含有 4 个接触器和两个熔断丝,如图 6-3 所示。

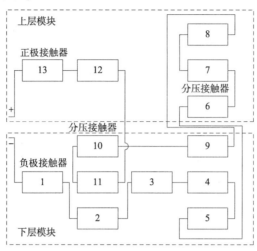

图 6-3　蓄电池组连接方式

(四)分布式蓄电池管理系统

(1)分布式蓄电池管理系统(图 6-4)由 1 个蓄电池管理控制器(BMC)和 13 个蓄电池信息采集器(BIC)及 1 套动力蓄电池采样线组成。

图 6-4　分布式蓄电池管理系统

(2)蓄电池管理控制器主要实现充/放电管理、接触器控制、功率控制、蓄电池异常状态报警和保护、SOC 计算、自检以及通信功能等。

(3)蓄电池信息采集器的主要功能有蓄电池电压采样、温度采样、电池均衡、采样线异常检测等。

(4)动力蓄电池采样线的主要功能是连接蓄电池管理控制器和蓄电池信息采集器,实现二者之间的通信及信息交换。

(五) 动力蓄电池总成漏电检测

检测原理如图 6-5 所示。

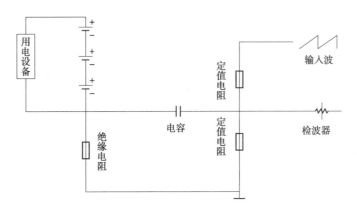

图 6-5　漏电检测原理图

步骤一：如图 6-6 所示。
步骤二：如图 6-7 所示。

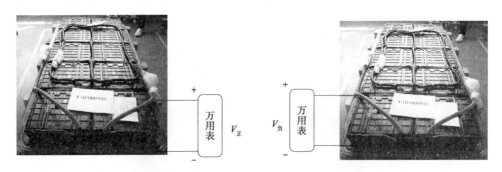

图 6-6　动力蓄电池总成漏电检测 $V_正$　　　图 6-7　动力蓄电池总成漏电检测 $V_负$

步骤三：比较 $V_正$ 和 $V_负$，选择电压大的进行下一步，如图 6-8 所示。

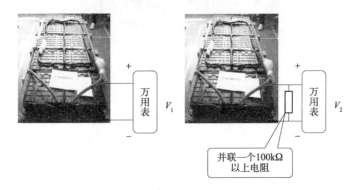

图 6-8　比较 $V_正$ 和 $V_负$

步骤四:计算

$$\frac{\frac{V_1-V_2}{V_2}\times R}{330}>500\Omega/V \quad 不漏电$$

$$\frac{\frac{V_1-V_2}{V_2}\times R}{330}\leq 500\Omega/V \quad 漏电$$

计算过程如图6-9所示。

正极对地266.4V　　　　并联电阻150kΩ　　　　并联绝缘电阻正极对地133.5V

(266.4-133.5)÷133.5×150000÷330=452.5Ω/V<500Ω/V　　　　漏电

图6-9　计算过程

(六)动力蓄电池单体检测

动力蓄电池单体如图6-10所示。

图6-10　单体动力蓄电池

(1)正常电压范围:3.3~3.4V。

(2)过度充电范围:>3.4V。

(3)过度放电范围:<2.7V。

(4)单体蓄电池电压偏低(欠压)范围:>2.7V,<3.3V。

(5)单体蓄电池温度过高:>40℃。

(6)电池漏电情况:绝缘电阻<55MΩ。

单体蓄电池常见故障见表6-2。

单体蓄电池常见故障 表6-2

故障名称	程度	数值范围	故障等级
正常		3.20~3.39V	
过充	一般	3.40~3.64V	3
过充	较严重	3.65~3.84V	2
过充	严重	>3.85V	1
欠压	一般	3.00~3.19V	3
欠压	较严重	2.80~2.99V	2
欠压	严重	2.50~2.79V	1
过放		<2.50V	
过温	一般	40~49℃	3
过温	较严重	50~60℃	2
过温	严重	≥61℃	1
漏电			3

(七)动力蓄电池其他故障检测

动力蓄电池其他故障检测:按照故障情况参照维修手册进行相应参数测量,在测量过程中必须遵守以下原则:

(1)使用万用表测量高压时,需注意选择正确量程,检测用万用表精度不低于0.5级,要求具有直流电压测量挡位,量程选择需要大于被测车型动力蓄电池总电压DC挡位。

(2)所使用的万用表一根表笔线上配备绝缘鳄鱼夹(要求耐压为3kV,过电流能力大于5A),测量时,先把鳄鱼夹夹到电路的一个端子,然后用另一只表笔接到需测量端子测量读数。每次测量时只能用一只手握住表笔。测量过程中,严禁双手操作及触摸表笔金属部分。

(八)动力蓄电池故障应急处理

1.动力蓄电池漏液

(1)车辆分控电源退电至OFF挡;断开动力蓄电池管理系统智能实训台的漏电开关。

(2)断开低压蓄电池附件3min后进行下一步操作。

(3)断开手动维修开关(装有时);断开BMS实训台架MSD开关。

(4)断开动力蓄电池正负极母线。

(5)对动力蓄电池正负极母线插接件及线束端插接件用绝缘胶带进行绝缘

密封,防止短路及进入异物。

(6)电解液发生少量泄漏时,请远离火源,使用吸液垫吸附后置于密闭容器中,或采用焚烧方式处理。发生大量泄漏时,请统一收集,按照危险化学品处理,可加入葡萄糖酸钙溶液来处理有毒气体 HF。

(7)将车辆拖到店内进行动力蓄电池拆卸,拆卸后动力蓄电池安全存放。

(8)以上步骤操作规范参照"学习任务3　动力蓄电池包高压作业安全防护"。

注:(3)、(4)、(5)三步操作人员需穿戴:绝缘胶鞋+绝缘手套+绝缘胶垫(在非安全维修工位作业时)。

(6)、(7)两步操作人员需穿戴:绝缘胶鞋+防酸碱手套+防护目镜。

2. 动力蓄电池变形

(1)车辆电源退电至 OFF 挡。

(2)断开低压蓄电池附件 3min 后进行下一步操作。

(3)断开手动维修开关(装有时)。

(4)断开动力蓄电池正负极母线。

(5)对动力蓄电池正负极母线插接件及线束端插接件用绝缘胶带进行绝缘密封,防止短路及进入异物。

(6)将车辆拖到店内进行动力蓄电池拆卸,拆卸后动力蓄电池安全存放。

(7)变形严重需将动力蓄电池各个模组连接断开存放。

(8)以上步骤操作规范参照"学习任务3　动力蓄电池包高压作业安全防护"。

注:(3)、(4)、(5)、(6)、(7)五步操作人员需穿戴:绝缘胶鞋+绝缘手套+绝缘胶垫(在非安全工位作业时)。

二、任务实施

(一) 准备工作

1. 防护用品准备

准备防护用品套装(图6-11)。

绝缘帽　　　绝缘鞋　　　绝缘防护手套　　　护目镜　　　劳保手套

图6-11　防护用品

2. 工具设备准备

(1)绝缘工具套装(图6-12)。

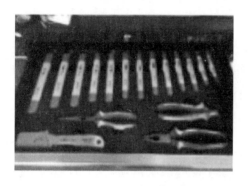
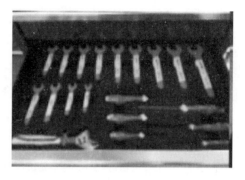

图 6-12　绝缘工具

(2)检测工具:兆欧表和万用表(图 6-13)。

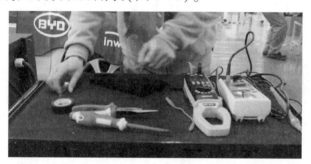

图 6-13　检测工具

(3)蓄电池管理系统仿真实训设备(图 6-14)。

图 6-14　蓄电池管理系统仿真实训设备

(二)操作步骤

(1)绝缘手套检查(图 6-15)。安全防护设备每次使用前都需检测有无破损、金属穿刺、裂纹、漏气,绝缘电压是否达标等受损情况,如有,必须禁止使用。

(2)检查万用表(图 6-16)。红黑表笔线有没有断裂,将挡位调到电阻挡、红黑表笔对接阻值范围在 $0 \sim 0.05\Omega$ 之间为正常,检查蜂鸣挡是否正常。

(3)检查兆欧表(图 6-17)。红黑表笔线有没有断裂,将挡位调到 500V、红黑表笔对接并按下红表笔的按钮,显示为 0 则正常。

图 6-15　安全防护设备检查　　　图 6-16　检查万用表　　　图 6-17　检查兆欧表

（4）对 10 号蓄电池组 1 号单体蓄电池进行电压检测，并记录相关数据，如图 6-18 所示（红表笔在 BAT01＋端，黑表笔在 BAT01－端）。

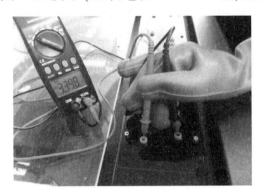

图 6-18　1 号单体蓄电池电压检测

（5）对 10 号蓄电池组 2 号单体蓄电池进行电压检测，并记录相关数据，如图 6-19 所示（红表笔在 BAT01－端，黑表笔在 BAT02＋端）。

图 6-19　2 号单体蓄电池电压检测

（6）对 10 号蓄电池组 3 号单体蓄电池进行电压检测，并记录相关数据，如图 6-20 所示（红表笔在 BAT02－端，黑表笔在 BAT03＋端）。

图 6-20 3 号单体蓄电池电压检测

(7) 对 10 号蓄电池组 4 号单体蓄电池进行电压检测,并记录相关数据,如图 6-21 所示(红表笔在 BAT03 - 端,黑表笔在 BAT04 + 端)。

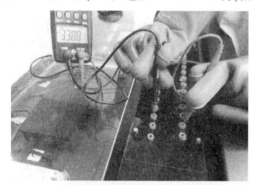
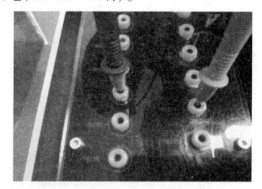

图 6-21 4 号单体蓄电池电压检测

(8) 按照同样的方法对 10 号蓄电池组其余各单体蓄电池进行电压检测,并记录相关数据。

三、任务测试(工作页)

1. 回答问题

(1) 如何快速检查绝缘手套是否良好?

(2) 在使用万用表测试时,两表笔的正确握法应该是怎样的?

2. 请使用无线鼠标,在台架上点击"开始答题"并填空

10 号蓄电池组内单体蓄电池实时数据:

(1) 单体蓄电池最高温度:＿＿＿＿℃;

(2) 蓄电池组对地的电阻值:＿＿＿＿Ω;

(3) 诊断故障(故障种类:过温、过压、过放、欠压、漏电)

故障类型:＿＿＿＿;

故障单体蓄电池为_____号蓄电池,所在箱号为_____号蓄电池箱;
10号蓄电池组内单体电池电压实时数据(表6-3)。

单体电池电压测量　　　　　　　　　　　　　　　　表6-3

测量数据	蓄电池编号					
	单体蓄电池编号					
	1号	2号	3号	4号	5号	6号
蓄电池电压(V)						

测量数据	蓄电池编号					
	单体蓄电池编号					
	7号	8号	9号	10号	11号	12号
蓄电池电压(V)						

根据以上数据,分析可得故障单体蓄电池为_____号电池,故障原因是_____。

3.在实施过程中,哪些安全注意事项是反复强调和提醒的,或者说是容易忘掉的

_____

_____

_____

4.效果评价

任务完成情况:□优　□良　□中　□差(意见或建议)_____

_____

自我总结:□优　□良　□中　□差(意见或建议)_____

_____

组长评价:□优　□良　□中　□差(意见或建议)_____

_____

自我总结:□优　□良　□中　□差(意见或建议)_____

_____

5. 完成评价表(表6-4)

评 价 表　　　　　　表6-4

评价项目	考核标准	完成效果				自评 25%	组评 25%	师评 50%
		优秀	良好	一般	需努力			
任务完成过程(40)	作业前后的6S管理	5	4	3	2			
	对存疑问题点有所记录,积极提问,并解决存疑的问题	5	4	3	2			
	成果报告	10	8	6	4			
	工艺卡(实施方案)	10	8	6	4			
	信息查询能力和工作页完成情况工艺	5	4	3	2			
	工具设备选用、安装方法合理/正确,能处理完成任务过程中出现的突发问题	5	4	3	2			
任务质量(30)	质量检验是否全面到位	15	12	8	4			
	电池能否正常作用	15	12	8	4			
团队协作(15)	积极参与讨论,有协作精神,为其他同学提供帮助	5	4	3	2			
	在学习中提出独特的见解,帮助本组解决学习难题	10	8	6	4			
学习情况(15)	出勤情况良好,无缺勤,无迟到、早退	5	4	3	2			
	课内外均有参与学习活动	5	4	3	2			
	遵守课堂纪律,有良好的行为习惯,无损坏设备	5	4	3	2			
合计								

教师建议:

学习任务7　检测混合动力汽车动力蓄电池故障

 学习目标

1. 会使用检测仪检测故障；
2. 学会混合动力蓄电池的工作原理；
3. 能够实施6S,小组合作。

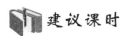 **建议课时**

8课时。

 任务描述

一辆行驶里程数为4000km的丰田凯美瑞混合动力汽车,在行驶过程中多信息显示屏上主警告灯闪亮,并显示"CHECK HIBRID SYSTEM"字样。经过车间主管的检查,发现是混合动力系统的动力蓄电池出现问题,你作为一名维修人员,请对此故障进行排除。

一、信息收集

(一)丰田混合动力蓄电池系统

该混合动力汽车的混合动力系统采用丰田混合动力系统(THS-Ⅱ),体现了"混合动力协同驱动"的理念。混合动力车辆组合使用两种动力源(发动机和HV蓄电池),以利用各动力源提供的优势并弥补各自的劣势,从而实现高效运行。与现有的纯电动车辆不同,混合动力车辆无须使用外部设备对其蓄电池充电。此外,该系统采用标称电压为DC 244.8V的大功率HV蓄电池和可变电压系统,可变电压系统内的增压转换器将系统的工作电压升至DC 650V的最高电压。

(二)混合动力蓄电池管理系统

蓄电池智能单元和动力管理控制ECU通过HV蓄电池中累计的电流值来计算HV蓄电池的 SOC(充电状态)。蓄电池智能单元向动力管理控制ECU发送HV蓄电池的状况。然后动力管理控制ECU根据此信息计算 SOC,并根据驾驶条件控制HV蓄电池的充电和放电。在行驶过程中,动力管理控制ECU将HV蓄电池的 SOC(充电状态)控制在恒定水平,如图7-1所示。HV蓄电池由34个模块组成,各模块包括6个串联的1.2V蓄电池格。蓄电池智能单元在17个位置上监视蓄电池单元电压。各蓄电池单元由两个模块组成。混合动力蓄电池组失效检测见表7-1。

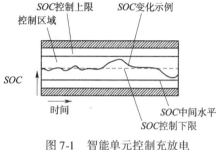

图7-1 智能单元控制充放电

混合动力蓄电池组失效检测 表7-1

DTC代码	检测项目	DTC检测条件	故障部位	MIL	警告指示
P0A7F—123	混合动力蓄电池组失效	HV蓄电池的内部电阻高于标准值(单程检测);蓄电池单元之间的电容差大于标准值(双程检测)	HV蓄电池;蓄电池智能单元	亮起	主警告灯亮起

(三)蓄电池智能单元

蓄电池智能单元监视HV蓄电池的状态(如电压、电流和温度)并将该信息传输至动力管理控制ECU。同时,蓄电池智能单元检测执行冷却系统控制所需的鼓风机转速反馈频率并将其传输至动力管理控制ECU。蓄电池智能单元内设有泄漏检测电路,以检测HV蓄电池或高压电路内是否出现漏电。蓄电池智能单元将这些信号转换为数字信号,并通过串行通信将其传输至动力管理控制ECU,如图7-2所示。

(四)HV蓄电池位置(图7-3)

混合动力汽车具有两个蓄电池,用途不同。一个是为电气组件供电的辅助蓄电池(标称电压为直流12V),另一个是存储电能以驱动车辆的HV蓄电池(标称电压为直流244.8V)。HV蓄电池安装于汽车尾部。

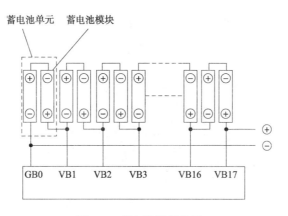

图 7-2 蓄电池智能单元

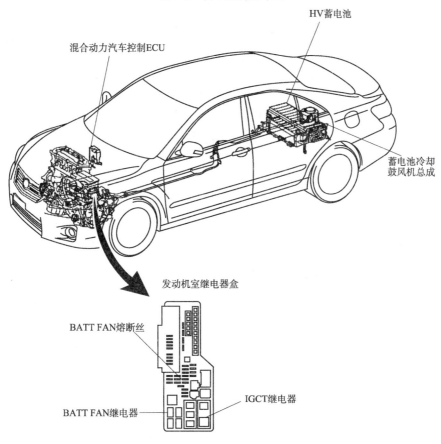

图 7-3 HV 蓄电池的位置

(五) HV 蓄电池的结构

1. 整体结构

HV 蓄电池总成主要包括 HV 蓄电池(蓄电池模块)、3 个 HV 蓄电池温度传感器、1 个 HV 蓄电池进气温度传感器、混合动力蓄电池接线盒总成、蓄电池冷却鼓风机总成、蓄电池智能单元(蓄电池电压传感器)和维修塞把手,如图7-4所示。

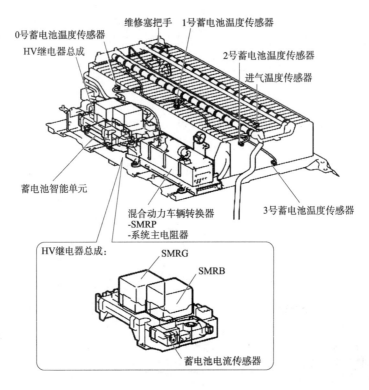

图7-4　HV蓄电池包组成

2.蓄电池内部结构

HV蓄电池包括34个独立的蓄电池模块,通过两个母线模块串联。每个蓄电池模块均由6个单格组成。HV蓄电池共有204个单格(6个单格×34个模块),标称电压为244.8V(1.2V×204个单格),如图7-5所示。

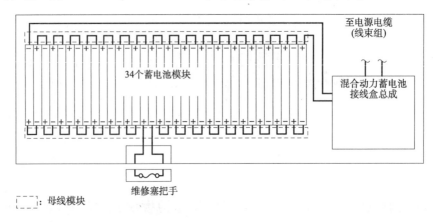

图7-5　HV蓄电池内部结构

(六) 检查 HV 蓄电池的充电量

确认发动机是否起动。如果发动机起动,则选择驻车挡(P)使其怠速,直至发动机停止(自充电完成)。如果发动机无法起动,则按操作规范对 HV 蓄电池充电。

提示:进行外部充电前,务必使用智能检测仪进行故障排除。

使用 THS 充电器的充电时间为每个充电循环 10min。使用 THS 充电器时的充电时间为短充电时间(蓄电池温度为 25℃时,10min 可能足够,如果蓄电池温度为 0℃,则可能需要三个 10min 的充电循环),使发动机处于可以起动的状态(系统可以进入 READY – ON 状态)。充电开始后,THS 充电器将会自动停止 10min。

二、任务实施

(一) 准备工作

(1) 设置安全隔离,并放置安全警示牌。
(2) 检查并穿戴个人安全防护用品。
(3) 检查设备工具。
(4) 检查绝缘工具。
(5) 实施车辆防护。
(6) 检查举升机。
(7) 检查电池举升车。
(8) 检测绝缘垫对地绝缘性能。
(9) 检查确认车辆停放。
(10) 确认驻车制动。
(11) 起动车辆,确认车辆处于空挡。
(12) 检查仪表盘所显示的故障,填写任务单。
(13) 熄火,钥匙保持在 ON 位置。
(14) 连接故障诊断仪。
(15) 用故障诊断仪读取故障码,填写任务单。
(16) 关闭点火开关,放好车钥匙。

(二) 技术要求和注意事项

(1) 阅读谨记安全作业规程,做好安全防护工作。

（2）正确使用设备和工具，不得违规操作。

（3）多人协调工作，切忌单干蛮干。

（4）遇到不合理作业要及时指出并予以制止。

（5）发现问题及时上报。

（6）对所使用设备进行点检，举一反三。

（7）作业时，应注意作业环境的变化，例如湿度和温度的变化。

（8）举升车辆前，应将举升机支撑块调整移动对正该车型规定的举升点，举升臂应尽量缩到最小长度，并调节举升胶垫以便均匀接触；支车时，四个支角应在同一平面上，调整支角胶垫高度使其接触车辆底盘支撑部位，使举升臂升至举升胶垫完全接触车辆，检查是否已牢固承载。

（三）操作步骤

1. 检查 DTC 输出（混合动力控制）

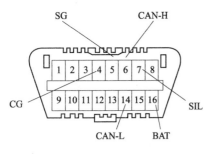

图 7-6 DLC3 接口

（1）将智能检测仪连接到 DLC3，DLC3 接口如图 7-6 所示。

（2）将电源开关转到 ON(IG)。

（3）进入以下菜单：Powertrain/Hybrid Control/Trouble Codes。

（4）读取输出 DTC。

结果见表 7-2。

输出结果　　　　　　　　　　　　　　　表 7-2

结　果	进　到
没有输出 P0AFC-123	A
有也输出 P0AFC-123	B

（5）将电源开关转到 OFF。

（6）从 DLC3 上断开智能检测仪。

2. 使用智能检测仪读取值

（1）确保车辆前后区域的安全。

（2）施加驻车制动并用止动楔固定车轮。

（3）将智能检测仪连接到 DLC3。

（4）将电源开关转到 ON(READY)。

（5）发动机充分暖机并关闭空调。

(6) 进入以下菜单:Powertrain/Hybrid Control/Data List/Battery block Vol-V01 to V17。

检测结果见表7-3。

智能检测仪读取值 表7-3

检 测 仪 显 示	检 测 仪 显 示
Battery Block Vol -V01	Battery Block Vol -V10
Battery Block Vol -V02	Battery Block Vol -V11
Battery Block Vol -V03	Battery Block Vol -V12
Battery Block Vol -V04	Battery Block Vol -V13
Battery Block Vol -V05	Battery Block Vol -V14
Battery Block Vol -V06	Battery Block Vol -V15
9Battery Block Vol -V07	Battery Block Vol -V16
Battery Block Vol -V08	Battery Block Vol -V17
Battery Block Vol -V09	

(7) 右脚用力踩下制动踏板。

(8) 将选挡杆切换到D位置。

(9) 完全踩下加速踏板时,记录数据表中的各蓄电池单元电压(Battery block Vol-V01 to V17)。

(10) 对比表7-4、表7-5所示各组偶数组和奇数组之间蓄电池单元电压(Battery block Vol-V01 to V17)。

蓄电池单元电压 表7-4

电路A蓄电池单元	电路B蓄电池单元	条 件
Battery Block Vol-V01（VB1）	Battery Block Vol-V02（VB2）	"Battery Block Vol-V01"-"Battery Block Vol-V02" = 0.3 V 或更高
Battery Block Vol-V04（VB4）	Battery Block Vol-V03（VB3）	"Battery Block Vol-V04"-"Battery Block Vol-V03" = 0.3 V 或更高
Battery Block Vol-V05（VB5）	Battery Block Vol-V06（VB6）	"Battery Block Vol-V05"-"Battery Block Vol-V06" = 0.3 V 或更高
Battery Block Vol-V08（VB8）	Battery Block Vol-V07（VB7）	"Battery Block Vol-V08"-"Battery Block Vol-V07" = 0.3 V 或更高
Battery Block Vol-V09（VB9）	Battery Block Vol-V10（VB10）	"Battery Block Vol-V09"-"Battery Block Vol-V10" = 0.3 V 或更高
Battery Block Vol-V12（VB12）	Battery Block Vol-V11（VB11）	"Battery Block Vol-V12"-"Battery Block Vol-V11" = 0.3 V 或更高

续上表

电路 A 蓄电池单元	电路 B 蓄电池单元	条　件
Battery Block Vol-V13（VB13）	Battery Block Vol-V14（VB14）	"Battery Block Vol-V13"-"Battery Block Vol-V14"＝0.3 V 或更高
Battery Block Vol-V16（VB16）	Battery Block Vol-V15（VB15）	"Battery Block Vol-V16"-"Battery Block Vol-V15"＝0.3 V 或更高
Battery Block Vol-V17（VB17）	Battery Block Vol-V14（VB14）	"Battery Block Vol-V17"-"Battery Block Vol-V14"＝0.3 V 或更高

蓄电池单元电压　　　　表 7-5

电路 A 蓄电池单元	电路 B 蓄电池单元	条　件
Battery Block Vol-V01（VB1）	Battery Block Vol-V02（VB2）	"Battery Block Vol-V02"-"Battery Block Vol-V01"＝0.3 V 或更高
Battery Block Vol-V04（VB4）	Battery Block Vol-V03（VB3）	"Battery Block Vol-V03"-"Battery Block Vol-V04"＝0.3 V 或更高
Battery Block Vol-V05（VB5）	Battery Block Vol-V06（VB6）	"Battery Block Vol-V06"-"Battery Block Vol-V05"＝0.3 V 或更高
Battery Block Vol-V08（VB8）	Battery Block Vol-V07（VB7）	"Battery Block Vol-V07"-"Battery Block Vol-V08"＝0.3 V 或更高
Battery Block Vol-V09（VB9）	Battery Block Vol-V10（VB10）	"Battery Block Vol-V10"-"Battery Block Vol-V09"＝0.3 V 或更高
Battery Block Vol-V12（VB12）	Battery Block Vol-V11（VB11）	"Battery Block Vol-V11"-"Battery Block Vol-V12"＝0.3 V 或更高
Battery Block Vol-V13（VB13）	Battery Block Vol-V14（VB14）	"Battery Block Vol-V14"-"Battery Block Vol-V13"＝0.3 V 或更高
Battery Block Vol-V16（VB16）	Battery Block Vol-V15（VB15）	"Battery Block Vol-V15"-"Battery Block Vol-V16"＝0.3 V 或更高
Battery Block Vol-V17（VB17）	Battery Block Vol-V14（VB14）	"Battery Block Vol-V14"-"Battery Block Vol-V17"＝0.3 V 或更高

提示：蓄电池智能单元出现内部故障时，此症状(9 对单元的电压差均为 0.3V 或更高)将会出现。

结果见表 7-6。

智能检测仪检测结果　　　　表 7-6

结　果	进　到
满足表 1 中的所有条件	更换蓄电池智能单元
满足表 2 中的所有条件	
除上述情况以外	更换 HV 蓄电池

(11) 将电源开关转到 OFF。

(12) 从 DLC3 上断开智能检测仪, 检测完成。

三、任务测试(工作页)

1. 总结对混合动力蓄电池系统进行检修的步骤

车辆入厂送修——_____

_____

_____

2. 在实施过程中, 哪些安全注意事项是反复强调和提醒的, 或者说容易忘掉的

_____

_____

_____

3. 效果评价

任务完成情况: □优　□良　□中　□差(意见或建议) _____

_____

自我总结: □优　□良　□中　□差(意见或建议) _____

_____

组长评价: □优　□良　□中　□差(意见或建议) _____

_____

客户评价: □优　□良　□中　□差(意见或建议) _____

_____

4. 完成评价表(表7-7)

评 价 表 表7-7

评价项目	考核标准	完成效果				自评 25%	组评 25%	师评 50%
		优秀	良好	一般	需努力			
任务完成过程(40)	作业前后的6S管理	5	4	3	2			
	对存疑问题点有所记录,积极提问,并解决存疑的问题	5	4	3	2			
	成果报告	10	8	6	4			
	工艺卡(实施方案)	10	8	6	4			
	信息查询能力和工作页完成情况工艺	5	4	3	2			
	工具设备选用、安装方法合理/正确,能处理完成任务过程中出现的突发问题	5	4	3	2			
任务质量(30)	质量检验是否全面到位	15	12	8	4			
	电池能否正常作用	15	12	8	4			
团队协作(15)	积极参与讨论,有协作精神,为其他同学提供帮助	5	4	3	2			
	在学习中提出独特的见解,帮助本组解决学习难题	10	8	6	4			
学习情况(15)	出勤情况良好,无缺勤,无迟到、早退	5	4	3	2			
	课内外均有参与学习活动	5	4	3	2			
	遵守课堂纪律,有良好的行为习惯,无损坏设备	5	4	3	2			
	合计							

教师建议:

学习任务8　检测动力蓄电池充电性能

学习目标

1. 掌握动力蓄电池充电过程；
2. 了解高压电控总成在充电过程中对动力蓄电池的影响。
3. 掌握动力蓄电池充电系统故障排除方法。

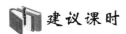

24 课时。

一辆行驶里程约 20000km 的比亚迪 e5 轿车,用交流充电桩对其充电的时候,车内仪表显示"充电连接中",经车间技术主管检测后,判断该车辆的充电系统存在故障,此时需要你作为维修人员协助技术主管按照规范程序,检修该车故障,修复完成后,并确认其工作状态正常。

一、信息收集

(一) 比亚迪 e5 轿车双路电源

对于新能源车型的部分模块(如 BMS、VTOG、DCDC 等),无论上电还是充电都需要工作,所以除常电以外的这路电源,无论是在上电还是充电都应供电,这路电源就叫"双路电",即"上电 + 充电"两路。

比亚迪 e5 车型的双路电源设计原理,如图 8-1 所示。

(1)上 OK 电和交流充放电时,由双路电继电器 1 吸合供电。

(2)直流充电时,则由直流充电继电器吸合供电。

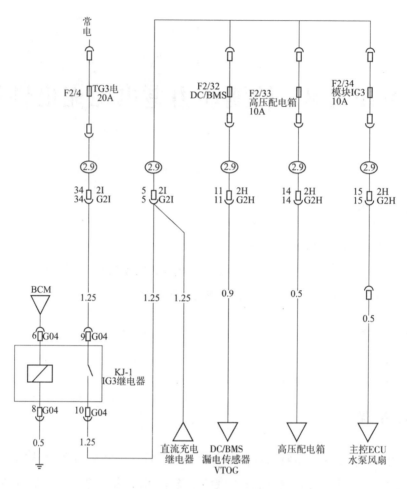

图 8-1 比亚迪 e5 车型的双路电源

(二) 比亚迪 e5 轿车"OK"灯点亮条件及预充电过程

比亚迪 e5 轿车仪表显示台如图 8-2 所示。

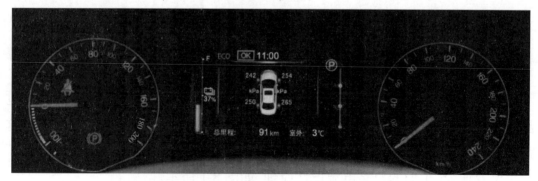

图 8-2 比亚迪 e5 轿车仪表显示台

(1) "OK"灯点亮条件:电池管理器 BMS 收到 VTOG 反馈的预充满信号,如图 8-3 所示。

学习任务8 检测动力蓄电池充电性能

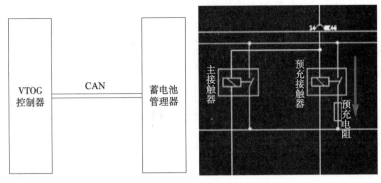

图8-3 比亚迪e5轿车"OK"灯点亮条件

（2）预充过程：起动车辆时，为缓解对高压系统的冲击，蓄电池管理器先吸合预充接触器，电池包的高压电经过预充接触器并联的预充电阻后加载到VTOG母线上，VTOG检测到母线上的电压与电池包电压相差在50V以内时，通过CAN通道向电池管理器反馈一个预充满信号。电池管理器收到预充满信号后控制主接触器吸合，断开预充接触器，如图8-4所示。

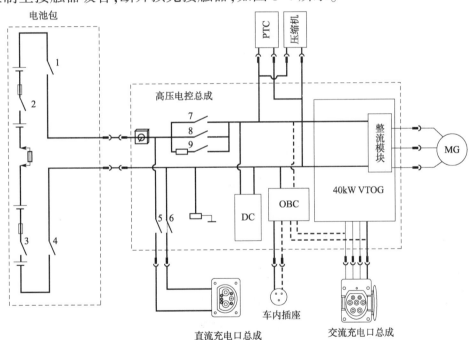

图8-4 比亚迪e5轿车"OK"灯点亮条件及预充电过程

1-正极接触器；2-蓄电池包分压接触器1；3-蓄电池包分压接触器2；4-负极接触器1；5-直流充电正极接触器；6-直流充电负极接触器；7-主接触器；8-交流充电接触器；9-预充接触器

小链接

在纯电动汽车中，点亮"OK"灯相当于打开一般汽油车的点火开关。当

"OK"灯点亮后,纯电动汽车才能正常行驶。

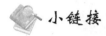

为什么要有预充电路?

直流母线要有预充电路,因直流母线上有大电容存在。电容并在电源的两端时,电源接通的瞬间,电容两端的电压不会突变,电容两端的电流会突变。刚接通电源瞬间,电容器两端相当于短路,这是电容器的工作原理。此时若没有预充电路,变频器内的整流器管会爆炸。预充电路起到了电源接通瞬间对电容器限制充电电流的作用,以保护整流器的元件不会因电容器瞬间的短路电流而损坏。

如图8-4所示,预充过程如下:

点火开关→BMS→动力蓄电池(正、负接触器)→预充继电器→预充电阻→大容量薄膜电容→VTOG→点亮"OK"灯→BMS

(三)比亚迪e5轿车高压电控总成构成

1. 高压电控总成内部构造

高压电控总成内部构造如图8-5所示。

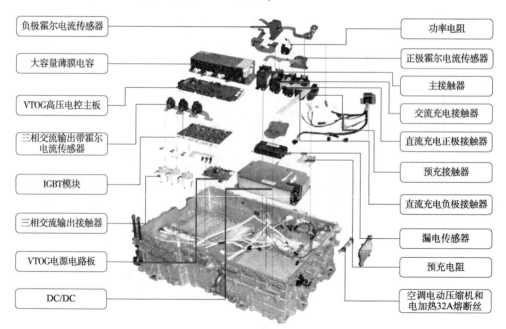

图8-5 高压电控总成内部构造

2.高压电控总成的功能

(1)控制高压交/直流电双向逆变,驱动电机运转,实现充、放电功能(VTOG、车载充电器)。

(2)实现高压直流电转化低压直流电为整车低压电气系统供电(DC/DC)。

(3)实现整车高压回路配电功能以及高压漏电检测功能(高压配电箱和漏电传感器模块)。

(4)直流充电升压功能。

(5)另外包括 CAN 通信、故障处理记录、在线 CAN 烧写以及自检等功能。

3.双向交流逆变式电机控制器(VTOG)主要功能

(1)驱动控制(放电):采集加速踏板、制动踏板、挡位、旋变信号等控制电机正向、反向驱动;正、反转发电功能;具有高压输出电压和电流控制限制功能;具有电压跌落、过流、过温、IPM 过温、IGBT 过温保护、功率限制、转矩控制限制等功能;同时具备电控系统防盗、能量回馈控制、主动泄放、被动泄放控制功能。

(2)充电控制:交、直流转换,双向充、放电控制功能;自动识别单相、三相相序,并根据充电电流控制充电方式,根据充电设备识别充电功率控制充电方式;根据车辆或其他设备请求信号控制车辆对外放电;断电重启功能;在电网断电又供电的时候,可继续充电功能。

4.VTOG 驱动系统控制原理图

VTOG 驱动系统控制原理如图 8-6 所示。

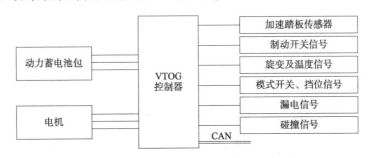

图 8-6 VTOG 驱动系统控制原理图

(四)比亚迪 e5 轿车充电系统

1.充电方式

比亚迪 e5 轿车有两种充电方式:交流充电和直流充电。

(1)交流充电:主要是通过交流充电桩、壁挂式充电盒以及家用供电插座接入交流充电口,通过高压电控总成将交流电转为650V直流高压电给动力蓄电池充电。

(2)直流充电:主要是通过充电站的充电柜将直流高压电通过直流充电口给动力蓄电池充电。

2. 充电系统的组成

充电系统主要组成部分,如图8-7所示,具体如下:

(1)直流充电口。

(2)交流充电口。

(3)电池管理器(BMS)。

(4)高压电控总成(VTOG)。

(5)动力蓄电池包。

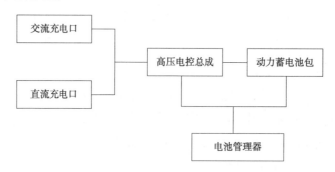

图8-7 充电系统主要组成部分

3. 充电口

1)充电口位置

隐藏在中央格栅后面,充电接口有照明灯,如图8-8所示。

图8-8 充电口位置

通过打开充电口盖拉锁打开充电口,如图 8-9 所示。打开后的交流/直流充电口如图 8-10 所示。

充电口盖拉锁

图 8-9　充电口盖拉锁

交流充电口　　　直流充电口

图 8-10　交流/直流充电口

2)交流充电口

通过家用 220V 插座和交流充电柜接入交流充电口。通过车载充电设备或 VTOG 将高压交流电转为高压直流电给动力蓄电池充电。

(1)交流充电口的构成如图 8-11 所示。

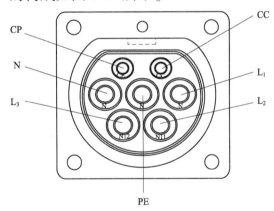

图 8-11　交流充电口的构成

L_1-A 相;L_2-B 相;L_3-C 相;N-中性线;PE-地线;CC-充电连接确认线;CP-充电控制线

(2)交流充电口端子测量见表 8-1。

交流充电口端子测量　　　　　　表 8-1

CC 与 PE 阻值			
3.3kW 及以下充电盒	680Ω	VTOL(预留)	2kΩ
7kW 及以下充电盒	220Ω	VTOV(预留)	100Ω
40kW 及以下充电盒	100Ω		

温馨提示：当充电盒功率低于7kW的时候，交流电通过VTOG中的OBC(车载充电器)对动力蓄电池进行充电；当充电盒功率高于7kW的时候，交流电直接通过VTOG对动力蓄电池进行充电。

3）直流充电口

通过直流充电柜将高压直流电通过直流充电口给动力蓄电池充电。

（1）直流充电口的构成，如图8-12所示。

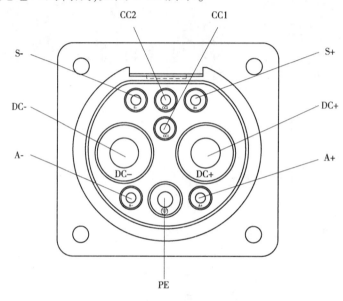

图8-12　直流充电口的构成

CC1-充电柜确认枪是否插好(充电口端有1kΩ电阻)；CC2-电动车确认枪是否插好(充电枪端有1kΩ电阻)

（2）直流充电口端子测量见表8-2。

直流充电口端子测量　　　表8-2

1～A－(低压辅助电源负)	4～CC1(车身地)1kΩ±30Ω
2～A＋(低压辅助电源正)	5～S－(CAN_L)
3～CC2(直流充电感应信号)	6～S＋(CAN_H)

4. 充电过程及工作原理

（1）如图8-13所示，充电过程：交流充电枪→交流充电口→CC信号→VTOG→BMS→CP信号反馈给充电枪→充电枪开始充电→按照充电桩的功率选择充电路径(车载充电器OBC或VTOG)→动力蓄电池→车辆液晶显示屏显示充电信息→充电桩显示充电信息。

（2）充电方式见表8-3，充电设备如图8-14所示。

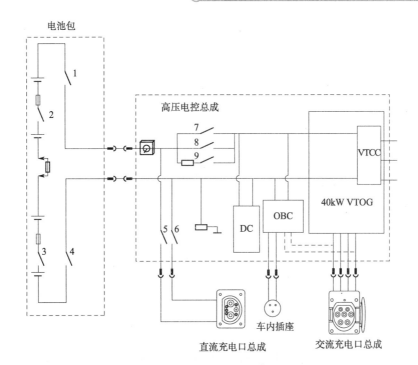

图 8-13 充电过程及工作原理

1-正极接触器；2-电池包分压接触器2；3-电池包分压接触器1；4-负极接触器；5-直流充电正极接触器；6-直流充电负极接触器；7-主接触器；8-交流充电接触器；9-预充接触器

充 电 方 式　　　　　　　　　　　　　表 8-3

充电方式	充电设备名称	额定输入电压	额定输出功率	输出电流
交流充电	便携充电盒	220V	2kW	8A
	壁挂式充电盒	220V	3.3kW	16A
	壁挂式充电盒	220V	7kW	32A
	壁挂式充电盒	380V	40kW	63A
直流充电	直流充电柜	—	—	—

图 8-14 充电设备

二、任务实施

(一)准备工作

1. 防护用品准备

准备防护用品套装(图 8-15)。

绝缘帽　　　绝缘鞋　　　绝缘防护手套　　　护目镜　　　劳保手套

图 8-15　防护用品套装

2. 工具设备准备

(1)绝缘工具套装(图 8-16)。

图 8-16　绝缘工具套装

(2)检测工具。检测工具、兆欧表和万用表,如图 8-17 所示。

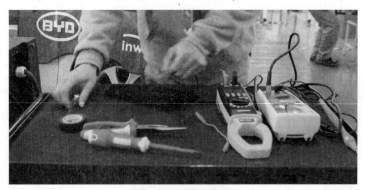

图 8-17　检测工具

(3)设备。

①道通检测仪(图 8-18)。

②比亚迪 e5 整车(图 8-19)。

学习任务8　检测动力蓄电池充电性能

图 8-18　道通检测仪

图 8-19　比亚迪 e5 整车

3. 场地

（1）在作业前请采用安全隔离措施（使用警戒栏隔离），并树立高压警示牌，以警示相关人员，避免发生安全事故，如图 8-20 所示。

（2）条件允许时在新能源汽车工位上操作，并将车身与搭铁线连接。

图 8-20　场地安全隔离措施

（二）技术要求与注意事项

1. 电路图

蓄电池管理系统控制原理，如图 8-21 所示。

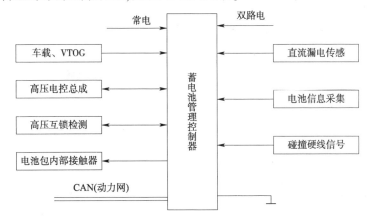

图 8-21　蓄电池管理系统控制原理

2. 电池管理系统接口针脚定义

电池管理系统接口如图8-22所示，接口BMC01、BMC02、BMC03针脚定义见表8-4~表8-6。

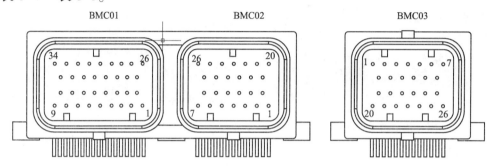

图8-22 电池管理系统接口针脚

BMC01 针脚定义　　　　　　　　　　　　　　　　表8-4

连接端子	端子描述	线色
BMC01-1 ~ GND	高压互锁输出信号	W
BMC01-2 ~ GND	一般漏电信号	L/W
BMC01-6 ~ GND	整车低压地	B
BMC01-9 ~ GND	主接触器拉低控制信号	Br
BMC01-10 ~ GND	严重漏点信号	Y/G
BMC01-14 ~ GND	12V蓄电池正	G/R
BMC01-17 ~ GND	预充接触器拉低控制信号	W/L
BMC01-26 ~ GND	直流霍尔信号	W/B
BMC01-27 ~ GND	电流霍尔 +15V	Y/B
BMC01-28 ~ GND	直流霍尔屏蔽地	Y/G
BMC01-29 ~ GND	电流霍尔 –15V	R/G
BMC01-30 ~ GND	整车低压地	B
BMC01-31 ~ GND	仪表充电指示灯信号	G
BMC01-33 ~ GND	直流充电正负极接触器拉低控制信号	Gr
BMC01-34 ~ GND	交流充电接触器控制信号	G/W

BMC02 针脚定义　　　　　　　　　　　　　　　　表8-5

链接端子	端子描述	线色
BMC02-1 ~ GND	12VDC电源正	R/B
BMC02-4 ~ GND	直流充电感应信号	Y/B
BMC02-6 ~ GND	整车低压地	B
BMC02-7 ~ GND	高压互锁输入信号	W

续上表

链接端子	端子描述	线色
BMC02-11 ~ GND	直流温度传感器高	G/Y
BMC02-13 ~ GND	直流温度传感器低	R/W
BMC02-14 ~ GND	直流充电口 CAN2_H	P
BMC02-15 ~ GND	整车 CAN1_H	P
BMC02-16 ~ GND	整车 CAN 屏蔽地	
BMC02-18 ~ GND	VTOG/车载充电感应信号	L/B
BMC02-20 ~ GND	直流充电口 CAN2_L	V
BMC02-21 ~ GND	直流充电口 CAN 屏蔽地	
BMC02-22 ~ GND	整车 CAN_H	V
BMC02-25 ~ GND	碰撞信号	Y/G

BMC03 针脚定义　　　　　　　　　　　　　　　　　表 8-6

链接端子	端子描述	线色
BMC03-1 ~ GND	采集器 CAN_L	V
BMC03-2 ~ GND	采集器 CAN 屏蔽地	
BMC03-3 ~ GND	1 号分压接触器拉低控制信号	G/B
BMC03-4 ~ GND	2 号分压接触器拉低控制信号	Y/B
BMC03-7 ~ GND	BIC 供电电源正	R/L
BMC03-8 ~ GND	采集器 CAN_H	P
BMC03-10 ~ GND	负极接触器拉低控制信号	L/B
BMC03-11 ~ GND	正极接触器拉低控制信号	R/G
BMC03-14 ~ GND	1 号分压接触器 12V 电源	G/R
BMC03-15 ~ GND	2 号分压接触器 12V 电源	L/R
BMC03-20 ~ GND	负极接触器 12V 电源	Y/W
BMC03-21 ~ GND	正极接触器 12V 电源	R/W
BMC03-26 ~ GND	采集器电源接地	R/Y

3.动力蓄电池包采样线接口定义

动力蓄电池包采样线接口如图 8-23 所示,接口定义见表 8-7。

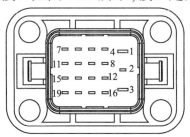

图 8-23　动力蓄电池包采样线接口

电池包信号插接件接口定义   表8-7

引 脚 号	端 口 名 称	端 口 定 义
D-1	NC	NC
D-2	NC	NC
D-3	NC	NC
D-4	采集器电源正	采集器电源正
D-5	负极接触器电源	负极接触器电源
D-6	分压接触器电源1	分压接触器电源1
D-7	分压接触器电源2	分压接触器电源2
D-8	正极接触器电源	正极接触器电源
D-9	高压互锁信号输入	高压互锁信号输入
D-10	采集器can屏蔽地	采集器can屏蔽地
D-11	NC	NC
D-12	采集器CAN_L	采集器CAN_L
D-13	采集器CAN_H	采集器CAN_H
D-14	高压互锁信号输出	高压互锁信号输出
D-15	采集器电源地	采集器电源地
D-16	负极接触器控制	负极接触器控制
D-17	分压接触器控制1	分压接触器控制1
D-18	分压接触器控制2	分压接触器控制2
D-19	正极接触器控制	正极接触器控制

4.高压电控总成连接端子针脚定义

(1)低压接插件B28(B):33pin接口,如图8-24所示。接口定义见表8-8。

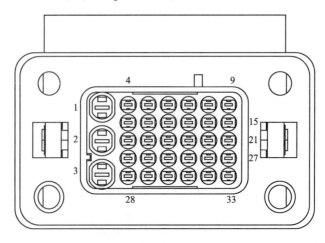

图8-24 低压接插件B28(B):33pin接口

学习任务8 检测动力蓄电池充电性能

低压接插件 B28（B）:33pin 接口定义   表 8-8

引脚号	端口定义	线束接法
4	DC 双路电电源	DC 双路电
5	DC 双路电电源	DC 双路电
8	DC 双路电电源接地	
9	DC 双路电电源接地	
10	直流霍尔屏蔽地	
13	CAN 屏蔽地	
14	CAN_H	动力网
15	CAN_L	动力网
16	直流霍尔电源+	BMS
17	直流霍尔电源-	BMS
18	直流霍尔信号	BMS
20	一般漏电信号	BMS
21	严重漏电信号	BMS
22	高压互锁+	BMS
23	高压互锁-	
24	主接触器/预充接触器电源	双路电
25	交直流充电正负极接触器电源	双路电
29	主预充接触器控制信号	BMS
30	直流充电正极接触器控制信号	BMS
31	直流充电负极接触器控制信号	BMS
32	主接触器控制信号	BMS
33	交流充电接触器控制信号	BMS

（2）低压接插件（64pin）接口如图 8-25 所示，接口定义见表 8-9。

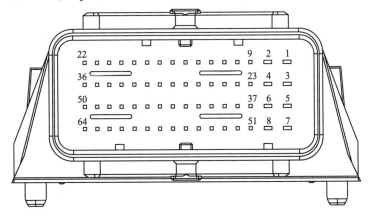

图 8-25　低压接插件（64pin）接口定义

· 117 ·

低压接插件(64pin)接口定义 表8-9

引脚号	端口定义	线束接法	引脚号	端口定义	线束接法
1	外部提供ON挡电源	VTOG双路电	37	制动踏板深度屏蔽地	
2	外部提供常火电	VTOG常电	38	制动踏板深度电源1	制动踏板
4	外部提供ON挡电源	VTOG双路电	39	加速踏板深度电源2	加速踏板
6	加速踏板深度屏蔽地	屏蔽地	40	加速踏板深度电源1	加速踏板
7	外部电源地	电源地	41	制动踏板深度电源2	制动踏板
8	外部电源地	电源地	43	预留开关量输入1	空
10	巡航地		44	车内插座触发信号	空
11	交流充电口温度1地	交流充电口	45	旋变屏蔽地	电机
12	BMC充电连接信号	BCM,硬件控制低电平有效	47	交流口CP信号	CP信号
13	交流口CC信号	CC信号	49	动力网CAN_H	动力网CAN_H
14	巡航信号	转向盘	50	动力网CAN_L	动力网CAN_L
15	电机绕组温度	电机	51	制动踏板深度电源1	制动踏板
16	交流充电口温度信号1	交流充电口	52	加速踏板深度电源2	加速踏板
17	制动踏板深度1	制动踏板	54	加速踏板深度电源1	加速踏板
18	加速踏板深度2	加速踏板	55	制动踏板深度电源2	制动踏板
19	BMS充电连接信号	充电感应信号,低电平有效	56	预留开关量输入2	空
26	动力网CAN信号屏蔽地	充电口	57	制动信号	制动踏板,高电平有效≥9V
29	电机模拟温度地	电机	59	励磁-	电机
31	制动踏板深度2	制动踏板	60	励磁+	电机
32	加速踏板深度1	加速踏板	61	余弦+	电机
33	预留开关量输出1	空	62	余弦-	电机
34	预留开关量输出2	空	63	正弦+	电机
35	驻车制动信号	预留	64	正弦-	电机

5. 注意事项

1）不带电检修操作

（1）将车辆断电、断开台架的 AC 220V 电源。

①车辆电源退电至 OFF 挡或断开台架的漏电开关。

②断开低压蓄电池附件 3min 后进行下一步操作，或断开电驱动系统智能实训台的空气开关 3min 后进行下一步操作（电驱动智能实训台）。

③断开手动维修开关（装有时）；断开动力蓄电池管理系统智能实训台上的急停开关、手动维修开关和漏电开关。

④断开动力蓄电池正负极母线；断开电驱动系统智能实训台的正、负母线。

⑤对动力蓄电池正负极母线插接件及线束端插接件用绝缘胶带进行绝缘密封，防止短路及进入异物。

注：③④⑤三步操作人员需穿戴：绝缘胶鞋＋绝缘手套＋绝缘胶垫（在非安全工位作业时）。

（2）动力蓄电池以外高压线路检修。

①完成车辆或电驱动系统智能实训台断电环节 3min 后，按安全电压正常检测动力蓄电池以外高压线路及元器件。

②拆卸高压插接件时需要对高压插接件用绝缘胶带进行绝缘密封，防止短路及进入异物。

（3）高压电池检修。

参照"学习任务 3　动力蓄电池包高压作业安全防护"。

2）带电检修操作

（1）车辆上电、台架接上 AC 220V 电源。

①将高压线束插接件连接完好，监护人进行复查。

②将各低压线束插接件连接完好。

③将低压蓄电池负极装配，台架使用的开关电源接上 AC 220V 电源。

④紧急情况下按下台架两侧的急停开关。

⑤严禁带电拆卸有"警告"标签或"注意"标签的零部件。

（2）充电故障检修。

①按照"学习任务 3　动力蓄电池包高压作业安全防护"中的要求，穿戴好防护用品。

②将车身与保护搭铁线相连，交流充电桩实训台架必须接上搭铁线。

(3) 按照故障情况参照维修手册进行相应参数测量,在测量过程中必须遵守以下原则:

① 使用万用表测量高压时,需注意选择正确量程,检测用万用表精度不低于0.5级,要求具有直/交流电压测量挡位,量程选择需要大于被测车型动力蓄电池总电压DC挡位。充电设备交流输入检测需要选择交流量程大于400V,直流输出检测量程需要选择大于被测车型动力蓄电池总电压DC挡位;

② 所使用的万用表等检测设备一根表笔线上配备绝缘鳄鱼夹(要求耐压为3kV,过电流能力大于5A),测量时先把鳄鱼夹夹到电路的一个端子,然后用另一只表笔接到需测量端子测量读数。每次测量时只能用一只手握住表笔。测量过程中,严禁双手操作及触摸表笔金属部分。

(4) 更换高压元器件及线束插接件需对断开插接件进行绝缘密封防护,防止短路及进入异物。

(5) 带电检修时严禁在负载带电工作时断高压插接件,否则可能导致人员受到伤害及损伤车辆。

(6) 带电检修时严禁电源在ON挡时断开低压插接件,否则可能导致车辆受损。

(7) 对于高压检测需要有工装的车型,无工装时严禁带电测量。

(三) 操作步骤

1. 诊断流程

(1) 把车开进车间。

(2) 检查蓄电池电压。

标准电压值为12.8~13.7V,如果电压值低于12.8V,在进行下一步之前,请检查电控故障或进行充电亦可更换蓄电池。

(3) 参考故障症状表。

(4) 调整、维修或更换。

(5) 确认测试。

(6) 结束。

2. 故障症状

故障症状见表8-10。

学习任务8 检测动力蓄电池充电性能

故障症状表　　　　　　　　　　　　　　　　　　　表 8-10

故障症状表	可能发生部位
直流无法充电	(1)直流充电口； (2)高压电控总成； (3)电池管理器； (4)线束
交流无法充电	(1)直流充电口； (2)高压电空总成； (3)电池管理器； (4)线束

3. 直流无法充电

检查步骤：

(1)检查直流充电口总成高低压线束,如图 8-26 所示。

①分别拔出直流充电口总成的高压接插件和低压接插件。

②分别测试正负极电缆和低压线束是否导通。

③用万用表检查低压接插件与充电口端子值是否正常。

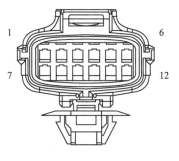

图 8-26　直流充电口总成

(2)检查电池管理器低压接插件,参考正常值见表 8-11。

参 考 正 常 值　　　　　　　　　　　　　　　　　　表 8-11

端　子	线色	正　常　值
1～A(低压辅助电源负)	B	小于1Ω
3～CC2(直流充电感应信号)	R	小于1Ω
4～S-(CAN_L)	B	小于1Ω
5～S+(CAN_H)	R	小于1Ω
CC1～车身地	W/B	1kΩ±30Ω

①电源。

②拔出电池管理器低压接插件 BMC02(图 8-27)。

③用万用表检查蓄电池管理器接插件 BMC02 与充电口端子值,参考正常值见表 8-12。

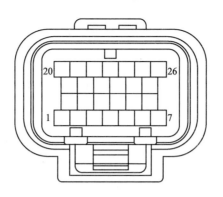

图 8-27 蓄电池管理器低压接插件

参 考 正 常 值　　　　　　　　　　　　　　表 8-12

端　子	线色	正常值	端　子	线色	正常值
BMC02－04～CC2（直流充电感应信号）	R	小于1Ω	1～A－(低压辅助电源负)	B	小于1Ω
BMC02－14～S＋(CAN_N)	R	小于1Ω	2～A＋(低压辅助电源正)	R	小于1Ω
BMC02－20～S－(CAN_L)	B	小于1Ω			

NG——更换线束。

OK——检查高压电控总成。

(3)检查高压电控总成。

①电源置为 OFF 挡。

②连接充电枪,准备充电。

③用万用表检查蓄电池管理器接插件 BMC02 与车身地值,见表 8-13。

蓄电池管理器接插件 BMC02 与车身地值　　　表 8-13

端　子	线色	正常值
直流充电正负极接触器电源脚～车身地	W/B	11～14V
直流充电接触器控制脚～车身地	B	小于1Ω

④断开充电枪。

⑤拔下电池管理器接插件,将直流充电正负极接触器控制脚与车身地短接,将吸合充电正负极接触器。

⑥用万用表测量充电口 DC＋与 DC－,正常值约为 650V。

NG——检查高压电控。

OK——更换电池管理器。

OK——诊断完毕。

(4)更换电池管理器。

(5)诊断完毕。

4.交流无法充电

(1)检查交流充电口总成。

检查交流充电电缆是否断路。

NG——更换交流充电口总成。

OK——检查高压电控总成。

(2)检查高压电控总成。

将交流充电口接入充电桩或家用电源。

用万用表测量高压电控总成接插件交流充电感应信号脚端子电压,见表8-14。

高压电控总成接插件交流充电感应信号脚端子电压　　表8-14

线　色	正　常　值
Y	小于1V

NG——检修或更换高压电控总成。

OK——检查低压线束(交流充电口—电池管理器)。

(3)检查低压线束(交流充电口—电池管理器)。

NG——更换线束。

OK——转到电池管理系蓄。

(4)检查电池管理体系统。

NG——更换电池管理系统。

三、任务测试(工作页)

故障现象:充不了电。

交流充电——通过交流充电桩、壁挂式充电盒以及家用供电插座接入交流充电口,通过高压电控总成或车载充电机将交流电转换成650V的直流电给动力蓄电池充电;3.3kW交流充电盒CC与PE之间的电阻值680Ω;7kW交流充电桩CC与PE之间的电阻值220Ω;40kW交流充电桩CC与PE之间的电阻值100Ω。

1.用道通解码仪扫描整车是否有故障码　　□是/□否

若有故障码,请写出故障码的名称:

2. 填空

记录当前仪表显示 SOC 状态为：_____%，是否处于满电状态？□是/□否

用解码仪查看单体蓄电池最高电压为_____V，最低电压为_____V。

以上结果是否异常？□是/□否

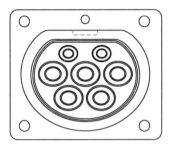

图 8-28　交流充电口

3. 请在下图中标出 CC、CP、PE 的位置（图 8-28）

用万用表_____挡位，测量 CC 与 PE 的电阻为_____。

是否正常？□是/□否

4. 插上充电枪，用万用表测量 CP 与车身地是否导通　□是/□否

此结果是否正常？□是/□否

5. 请在图 8-29 中标出输入电源和搭铁端子

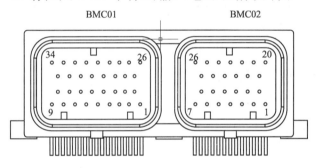

图 8-29　输入电源和搭铁端子

用万用表检测当前输入电源为_____，

搭铁端子与车身搭铁导通情况_____。

此结果是否正常？□是/□否

6. 请在图 8-30 中标出输入电源和搭铁端子

用万用表检测当前输入电源为_____，

搭铁端子与车身接地导通情况_____。

此结果是否正常？□是/□否

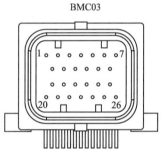

图 8-30　输入电源和搭铁端子

7. 请在图 8-31 中标出蓄电池管理器输出接触器（分压器）电源和接触器地端子

用万用表检测当前输出接触器电源为_____，

接触器地端子与车身搭铁导通情况_____。

此结果是否正常？□是/□否

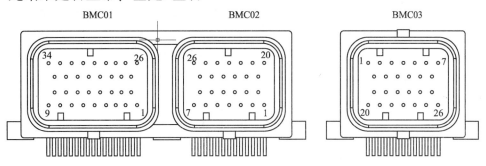

图 8-31　蓄电池管理器输出接触器(分压器)电源和接触器地端子

8. 通过查看解码仪上的数据流显示，记录正负极接触器(分压器)是否吸合 □是/□否

此结果是否正常？□是/□否

9. 通过以上步骤，得出最终的故障部位

_____

_____

10. 完成评价表(表 8-15)

评　价　表　　　　　　　　　　　　　　　　　表 8-15

评价项目	考核标准	完成效果				自评 25%	组评 25%	师评 50%
		优秀	良好	一般	需努力			
任务完成过程(40)	作业前后的 6S 管理	5	4	3	2			
	对存疑问题点有所记录，积极提问，并解决存疑的问题	5	4	3	2			
	成果报告	10	8	6	4			
	工艺卡(实施方案)	10	8	6	4			
	信息查询能力和工作页完成情况工艺	5	4	3	2			
	工具设备选用、安装方法合理/正确，能处理完成任务过程中出现的突发问题	5	4	3	2			
任务质量(30)	质量检验是否全面到位	15	12	8	4			
	电池能否正常作用	15	12	8	4			

续上表

评价项目	考核标准	完成效果				自评 25%	组评 25%	师评 50%
		优秀	良好	一般	需努力			
团队协作（15）	积极参与讨论,有协作精神,为其他同学提供帮助	5	4	3	2			
	在学习中提出独特的见解,帮助本组解决学习难题	10	8	6	4			
学习情况（15）	出勤情况良好,无缺勤,无迟到、早退	5	4	3	2			
	课内外均有参与学习活动	5	4	3	2			
	遵守课堂纪律,有良好的行为习惯,无损坏设备	5	4	3	2			
合计								

教师建议：

参 考 文 献

[1] 麻友良.新能源汽车动力电池技术[M].北京:北京大学出版社,2016.
[2] 徐艳民.电动汽车动力电池及电源管理[M].北京:机械工业出版社,2015.
[3] 敖东光,宫英伟,陈荣梅.电动汽车结构原理与检修[M].北京:机械工业出版社,2017.

人民交通出版社汽车类技工教材部分书目

书号	书名	作者	定价(元)	出版时间	课件
一、新能源汽车专业技能型紧缺人才培养规划教材					
978-7-114-14681-7	新能源汽车概论	尹向阳、陆海明	22.00	2018.08	有
978-7-114-14940-5	新能源汽车高压安全与应急处理	陈伟儒、万艳红	15.00	2018.09	有
978-7-114-15179-8	新能源汽车动力蓄电池与能量管理技术	罗英、吴浩	20.00	2019.02	有
即将出版	新能源汽车电机与控制技术	廖毅鸣	估30		有
978-7-114-14868-2	新能源汽车底盘检修	谢金红、毛平	25.00	2018.09	有
即将出版	新能源汽车电气系统检修	万艳红	估35		有
978-7-114-14684-8	新能源汽车充电设施安装与维护	冯月崧、谭光尧	19.00	2018.08	有
即将出版	新能源汽车维护	黄辉镀	估30		有
即将出版	新能源汽车典型故障诊断与排除	颜允	估35		有
二、全国交通运输职业教育技工新能源汽车检测与维修专业规划教材					
978-7-114-14889-7	新能源汽车概论	张则雷、贺利涛	24.00	2018.08	有
978-7-114-14776-0	新能源汽车电力电子技术	郭志勇、赵昌涛	35.00	2018.08	有
978-7-114-14910-8	电动汽车动力蓄电池及管理系统	刘海峰、廖辉湘	34.00	2018.08	有
978-7-114-14908-5	电动汽车电机及控制系统	张小兴、韦军新	39.00	2018.08	有
978-7-114-14762-3	电动汽车整车控制技术	夏建武、许云珍	43.00	2018.08	有
978-7-114-14922-1	电动汽车维护与故障诊断	王征、李永吉	32.00	2018.08	有
978-7-114-14923-8	新能源汽车高压电安全技术	高窦平、高庆华	48.00	2018.09	有
三、全国交通技工院校汽车运输类专业规划教材（第五轮）					
978-7-114-10637-8	汽车文化	杨雪茹	35.00	2017.06	有
978-7-114-10648-4	钳工工艺	李永吉	17.00	2014.08	
978-7-114-10459-6	汽车机械基础	刘根平	22.00	2016.07	
978-7-114-10458-9	汽车发动机结构与拆装	程晟	27.00	2018.05	
978-7-114-10456-5	汽车底盘结构与拆装	王健	39.00	2016.12	
978-7-114-10686-6	汽车电器结构与拆装	许云珍	30.00	2017.08	
978-7-114-10604-0	汽车使用与日常维护	李春生	25.00	2016.02	
978-7-114-10527-2	汽车发动机检修	王忠良	39.00	2017.08	
978-7-114-10573-9	汽车变速器与驱动桥检修	戴良鸿	28.00	2016.05	
978-7-114-10454-1	汽车转向、悬架和制动系统检修	樊海林	24.00	2017.08	
978-7-114-10627-9	汽车实用英语	杨意品	17.00	2013.07	
978-7-114-10518-0	汽车服务企业管理	应建明	19.00	2016.07	
978-7-114-10536-4	汽车结构与拆装	邢春霞	40.00	2017.08	有
978-7-114-10457-2	汽车钣金基础	姚秀驰	32.00	2013.05	
978-7-114-10444-2	汽车车身碰撞估损	石琳	23.00	2016.07	
978-7-114-10612-5	汽车美容	彭本忠	20.00	2017.08	
978-7-114-10758-0	汽车装饰与改装	梁登	32.00	2013.08	
978-7-114-10580-7	汽车营销	郑超文	25.00	2018.03	有
978-7-114-10477-0	汽车配件管理	卫云贵	25.00	2016.12	
978-7-114-10597-5	汽车营销法规	邵伟军	23.00	2013.07	有
978-7-114-10528-9	汽车保险与理赔	刘冬梅	22.00	2017.08	有
978-7-114-10999-7	汽车电器与空调系统检修	潘承炜	45.00	2017.08	有
978-7-114-11135-8	汽车车身涂装	曾志安	32.00	2014.03	有
978-7-114-10881-5	汽车营销礼仪	吴晓斌	30.00	2015.08	有

咨询电话：010-85285962、85285977。咨询QQ：616507284、99735898。